SE QUISER FALAR *com* DEUS

Dom Orani Tempesta

Kater Filho

Se quiser falar com Deus

Planeta

Preparação: Project Nine Editorial
Revisão: Fernanda Guerriero Antunes e Carmen T. S. Costa
Diagramação: Triall Editorial Ltda
Capa: Rafael Brum
Imagem de capa: Zamurovic Photography / Shutterstock

Dados Internacionais de Catalogação na Publicação (CIP)
Angélica Ilacqua CRB-8/7057

Orani Tempesta, Dom João
Se quiser falar com Deus / Dom João Orani Tempesta e Kater Filho. – São Paulo: Planeta do Brasil, 2018.
208 p.

ISBN: 978-85-422-1450-5

1. Oração – Cristianismo 2. Deus 3. Bíblia 4. Vida cristã 4. Felicidade I. Título II. Kater Filho

CDD 248.32

18-1703

Índices para catálogo sistemático:
1. Oração – Cristianismo

Este livro foi composto em Adobe Garamond e Bliss Pro e impresso pela Gráfica Santa Marta para a Editora Planeta do Brasil em outubro de 2018.

2018
Todos os direitos desta edição reservados à
EDITORA PLANETA DO BRASIL LTDA.
Rua Padre João Manuel, 100 – 21º andar
Ed. Horsa II – Cerqueira César
01411-000 – São Paulo-SP
www.planetadelivros.com.br
atendimento@editoraplaneta.com.br

SUMÁRIO

PRÓLOGO

Após uma revisão final no texto original deste livro, sobre a nossa comunicação com Deus por meio de nossas orações, decidi acrescer este prólogo para que não nos esqueçamos de que a oração cristã é, acima de tudo, um dom gratuito de Deus, uma graça. Dom gratuito e fruto de Sua livre, espontânea e Santa Vontade Divina. Reforço isso para que nós não caiamos na tentação de imaginar que a comunicação com Deus possa depender de técnicas para que alcancemos êxito nessa missão. A oração não consiste em técnicas, mas é fruto de uma graça divina.

Naturalmente, certas posturas, esforços e demais iniciativas de nossa parte podem nos ajudar na comunicação com o Eterno Deus, porém, não será isso que nos levará a atingir em cheio o coração de Deus Pai, mas sim o dom que Ele mesmo nos dará, se assim o pedirmos com fé. E o interessante é que, ao pedirmos a Deus o dom e a graça da oração, já estaremos automaticamente rezando, nos valendo de uma das modalidades mais comuns e mais frequentes em nossa vida de oração: a oração de súplica, que nos coloca diante do Pai como meros pedintes, que estendem a mão na direção de alguém suplicando alimento ou água para matar sua sede.

Tanto o alimento como a água que a Deus rogaremos, em nosso caso, porém, são diferentes, como Jesus falou aos discípulos e à samaritana, no episódio no poço de Jacó. A ela disse Jesus sobre Sua água: *"Se conhecesses o dom de Deus, e quem é que te diz: Dá-me de beber, certamente lhe pedirias tu mesma e ele te daria uma água viva!" (Jo 4,10).*

E aos discípulos, depois que lhe trouxeram alimentos da cidade, Ele lhes falou: *"Tenho um alimento para comer que vós não conheceis. Os discípulos perguntavam uns aos outros: Alguém lhe teria trazido de comer? Disse-lhes Jesus: Meu alimento é fazer a vontade daquele que me enviou e cumprir a sua obra" (Jo 4,32-34).* A Água Viva é o próprio Espírito Santo, que sacia o nosso espírito, colocando-nos em ligação direta com Deus por meio da oração, e o alimento que Jesus espera de cada um de nós é que, inspirados em nossas orações, possamos gradualmente realizar a obra iniciada por Jesus, a implantação de Seu Reino já aqui nesta vida terrena.

A oração é dom gratuito de Deus

É importante nos lembrarmos disso, particularmente neste tempo que vivemos, quando, a todo instante, surgem propostas e novos "métodos de acesso" ao absoluto, à mística e ao invisível. Isso sem nos referirmos à yoga, à meditação transcendental, zen e outras técnicas orientais que atraem muitas pessoas, inclusive cristãs, prometendo-lhes acesso ao divino, por meio de posturas, respiração e demais práticas. Nada tenho pessoalmente contra elas, porém fica aqui a advertência de que nossa oração cristã independe dessas práticas, pois como lhes disse ela é um dom, uma graça que Deus nos concede ao Lhe pedirmos isso com fé.

Quando nos deixamos levar por essas práticas ou técnicas, centralizamos em nós o "poder" de manipularmos essa comunicação com Deus, por meio de nossos esforços pessoais ou de nossos merecimentos, e isso não é uma verdade, uma vez que a oração é, volto a dizer, um dom que Deus nos concede sem cobrar nada em troca, independentemente de nossos esforços ou méritos pessoais, pois como sabemos Ele não faz acepção de pessoas, conforme nos afirma São Pedro no livro do Atos dos Apóstolos: *"Em verdade, reconheço que Deus não faz distinção de pessoas" (At 10,34).*

Santa Joana de Chantal, irmã franciscana que viveu entre os séculos XVI e XVII na França e depois de viúva entrou para a vida religiosa, dizia: "O melhor método para orar é não ter nenhum, porque a oração não se alcança com técnicas, mas sim com a graça". Realmente, não existe um método para orarmos, no sentido de termos ao nosso alcance um conjunto de fórmulas, procedimentos, posturas ou receitas que bastaria aplicarmos a fim de rezarmos bem e eficazmente. A propósito, se existisse um método de oração ou, digamos, um caminho único, a nossa oração perderia toda a sua espontaneidade e a sua originalidade, tornando-se algo metódico ou ritualístico, sem vida.

A verdadeira e profunda oração é um dom gratuito de Deus, necessitando apenas que compreendamos a forma de receber esse dom. Aliás, esse é o grande desafio de nossas preces, percebermos como e por quais meios Deus está nos apontando o caminho para que possamos ser agraciados com o dom da oração em plenitude.

Afirmo que o nosso maior desafio quando oramos é perceber as respostas de Deus, por meio de pessoas, fatos ou algo para o qual Ele possa nos despertar. "Ouvir" a Deus é muito mais difícil do que falarmos a Ele em nossas preces.

Neste livro trataremos mais profundamente sobre a importância de aprendermos a escutar o que Deus nos fala. Esse aprendizado é muito mais valioso e mais importante do que qualquer método que nos apresentem para orarmos.

A oração é, acima de tudo, uma iniciativa divina, que pode se manifestar a qualquer momento que nos dispusermos a entrar em comunicação com Ele, que estará sempre à nossa disposição. É um desabrochar de nossa alma na direção divina!

Essas orientações estão, subjetiva ou mesmo objetivamente, dentro do contexto deste livro, mas convém que isso fique evidente em nossa mente e em nosso coração, ao nos colocarmos diante de Deus para nos comunicarmos com Ele. Uma certeza que nunca poderemos deixar de ter é a de que Deus estará sempre à nossa disposição, a qualquer momento, em quaisquer circunstâncias, estejamos nós onde estivermos. Antes mesmo de tomarmos a decisão de nos dirigirmos a Ele, agindo como o pai do filho pródigo, da conhecida parábola que Jesus nos contou, Deus já nos aguarda pacientemente para conosco Se comunicar. O exemplo dessa postura divina está explícita no Evangelho de Lucas, assim narrada:

> *"Um homem tinha dois filhos. O mais moço disse a seu pai: Meu pai, dá-me a parte da herança que me toca. O pai então repartiu entre eles os haveres. Poucos dias depois, ajuntando tudo o que lhe pertencia, partiu o filho mais moço para um país muito distante, e lá dissipou a sua fortuna, vivendo dissolutamente. Depois de ter es-*

banjado tudo, sobreveio àquela região uma grande fome e ele começou a passar penúria.

Foi pôr-se ao serviço de um dos habitantes daquela região, que o mandou para os seus campos guardar os porcos. Desejava ele se fartar das vagens que os porcos comiam, mas ninguém lhas dava. Entrou então em si e refletiu: Quantos empregados há na casa de meu pai que têm pão em abundância... e eu, aqui, estou a morrer de fome!

Levantar-me-ei e irei a meu pai, e dir-lhe-ei: Meu pai, pequei contra o céu e contra ti; já não sou digno de ser chamado teu filho. Trata-me como a um dos teus empregados. Levantou-se, pois, e foi ter com seu pai. Estava ainda longe, quando seu pai o viu e, movido de compaixão, correu-lhe ao encontro, lançou-se-lhe ao pescoço e o beijou" (Lc 15,11-20).

Reflitam comigo sobre esta frase-chave da parábola: *Estava (o filho pecador) ainda longe, quando seu pai o viu e, movido de compaixão, correu-lhe ao encontro, lançou-se-lhe ao pescoço e o beijou.* Percebam que o pai toma a iniciativa de ir ao encontro do filho para abraçá-lo, beijá-lo, enfim, amá-lo com seu grande amor paterno, sem questioná-lo, julgá-lo ou condená-lo por sua atitude rebelde. Da mesma forma Deus se comporta conosco quando em nosso coração decidimos nos colocar em Sua presença para com Ele conversarmos, desabafarmos, pedirmos, enfim, nos comunicarmos. Antes de nos manifestarmos, Ele já está ao nosso lado, de braços e coração abertos para nos acolher, nos ouvir, nos perdoar e nos amar, derramando sobre nós Sua generosa e abundante misericórdia.

Com esta observação, faço o convite para esta caminhada comigo e, particularmente, sob a assistência do Espírito Santo, nas sendas que nos conduzem até o coração de Deus Pai, onde as nossas orações encontram abrigo, acolhimento, consolo, respostas, esperança, fé e certeza de Seu Amor Misericordioso.

Dom Orani João Tempesta, O. Cist.

PREFÁCIO

ORAR NADA MAIS É DO QUE SE COMUNICAR COM DEUS

"O santo é uma pessoa com espírito orante, que tem necessidade de se comunicar com Deus!"

Papa Francisco na Exortação Apostólica *Gaudete et Exsultate*, 147

Trabalhando por muitos anos no setor de comunicações da Conferência Nacional dos Bispos do Brasil (CNBB) acompanhei o crescimento incrivelmente veloz dos meios de comunicação e, ao mesmo tempo, a sua acessibilidade cada vez maior e mais rápida entre as pessoas de todas as classes sociais.

Os smartphones hoje são veículos portáteis de comunicação capazes de transmitir ao vivo imagens em alta definição para qualquer parte do mundo e, bem dizer, sem custos: via Wi-Fi, acessos gratuitos que se tornam cada vez mais comuns nos locais públicos. Essa evolução nos permite estar permanente em comunicação com todo o planeta e praticamente com qualquer pessoa, mesmo que elas estejam em outros países. Não me surpreendo mais ao ver crianças pequenas, que ainda mal sabem se expressar de modo correto, já manipulando os smartphones ou os tablets de seus pais, para assistirem a desenhos ou demais atrações infantis, à disposição na internet. Mesmo as pessoas de idade mais avançada não têm dificuldades de utilizar esses meios para rezarem e acompanharem a liturgia diária da Igreja. Realmente, vivemos num mundo conectado e eu vejo isso com bons olhos. Mas há ainda uma comunicação que precisamos evoluir em nossa sociedade: a nossa comunicação com Deus, por meio da oração. Ouço, com frequência, esta frase: "Eu não sei rezar", ou ainda esta outra: "Eu não consigo rezar, me falta tempo". Deus, meus irmãos e minhas irmãs em Cristo, permanece inteiramente acessível e disponível a toda criatura humana: 24 horas ao dia, nos 365 dias do ano e por toda a eternidade, sem necessidade de sinal Wi-Fi!

Orar nada mais é do que se conectar com Deus, que a qualquer momento está à inteira disposição de Seus filhos e filhas, sem necessidade de agendarmos horário ou dia, para uma conversa íntima ou qualquer outra orientação que for necessária e útil para cada um de nós. A oração – tema importante e imprescindível a todos, sem exceção – nada mais é do que a nossa comunicação com Deus e ela será tratada objetivamente neste nosso livro. Espero que, ao término de sua leitura, você também passe a "acessar" Deus com maior disposição, interesse, liberdade e facilidade, assim como você acessa o seu smartphone!

Dom Orani João Tempesta, O. Cist.

PARTE I

RESPOSTAS ÀS DÚVIDAS MAIS FREQUENTES SOBRE A ORAÇÃO

CAPÍTULO 1

E O VERBO SE FEZ CARNE...

São João Evangelista, ao escrever que *o Verbo se fez Carne*, nos ensina que Deus materializa em Jesus aquilo que ele mesmo, João, na abertura de seu evangelho, afirma: *"No princípio era o Verbo e o Verbo estava junto de Deus e o Verbo era Deus" (Jo 1,10)*. Essa palavra bíblica, escrita pelo mais jovem apóstolo de Jesus, é a chave para que possamos compreender praticamente tudo aquilo que se refere à oração.

Isso porque a oração nada mais é do que a verbalização (mesmo que apenas em pensamentos) de tudo aquilo que queremos expressar: os nossos sentimentos, os nossos desejos, as nossas necessidades, a nossa gratidão, o nosso louvor ou mesmo as nossas inquietações, os nossos temores ou os nossos questionamentos. O vocábulo "verbo" provém do latim *verbum*, que, por sua vez, significa palavra. Palavra que se origina do termo, também latino, *parabolae*, derivada do grego *parabole*.

Todas elas, sem exceção, sugerem na raiz: ação, existência ou materialidade. Logo, a simples verbalização de nossos sentimentos e/ou pensamentos já é uma primeira ação, mesmo que não haja, obrigatoriamente, um movimento sequer, mas apenas a expressão, mesmo silenciosa, de algum de nossos sentimentos. O verbo ou a verbalização, por meio de palavras (em qualquer idioma), já é uma ação, uma iniciativa ou um passo inicial de nossas orações.

Na oração cristã esse primeiro passo, geralmente, é dado em direção a Deus Pai, criador do céu e da terra, de onde o Verbo (Jesus) se originou; e é por meio Dele (o Verbo que, posteriormente, se fez carne) que tudo se materializou, pois, como nos ensina o Gênesis em sua abertura, Deus cria o universo e todas as coisas nele existentes por meio de Sua Palavra ou, se preferir, do Verbo. Percebam no texto bíblico, que na sequência eu transcrevo, que tudo nasce a partir da expressão <u>Deus disse</u>, ou seja, da Palavra de Deus:

> *"No princípio, Deus criou os céus e a terra. A terra estava informe e vazia; as trevas cobriam o abismo e o Espírito de Deus pairava sobre as águas.*
>
> <u>Deus disse:</u> *"Faça-se a luz!". E a luz foi feita. Deus viu que a luz era boa, e separou a luz das trevas. Deus chamou à luz DIA, e às trevas NOITE. Sobreveio a tarde e depois a manhã: foi o primeiro dia.*
>
> <u>Deus disse:</u> *"Faça-se um firmamento entre as águas, e separe ele umas das outras". Deus fez o firmamento e separou as águas que estavam debaixo do firmamento daquelas que estavam por cima. E assim se fez. Deus chamou ao firmamento CÉUS. Sobreveio a tarde e depois a manhã: foi o segundo dia.*
>
> <u>Deus disse:</u> *"Que as águas que estão debaixo dos céus se ajuntem num mesmo lugar, e apareça o elemento árido". E assim se fez. Deus chamou ao elemento árido*

TERRA, e ao ajuntamento das águas MAR. E Deus viu que isso era bom.

Deus disse: *"Produza a terra plantas, ervas que contenham semente e árvores frutíferas que deem fruto segundo a sua espécie e o fruto contenha a sua semente". E assim foi feito. A terra produziu plantas, ervas que contêm semente segundo a sua espécie, e árvores que produzem fruto segundo a sua espécie, contendo o fruto a sua semente. E Deus viu que isso era bom. Sobreveio a tarde e depois a manhã: foi o terceiro dia.*

Deus disse: *"Façam-se luzeiros no firmamento dos céus para separar o dia da noite; sirvam eles de sinais e marquem o tempo, os dias e os anos, e resplandeçam no firmamento dos céus para iluminar a terra". E assim se fez. Deus fez os dois grandes luzeiros: o maior para presidir ao dia, e o menor para presidir à noite; e fez também as estrelas. Deus colocou-os no firmamento dos céus para que iluminassem a terra, presidissem ao dia e à noite, e separassem a luz das trevas. E Deus viu que isso era bom. Sobreveio a tarde e depois a manhã: foi o quarto dia.*

Deus disse: *"Pululem as águas de uma multidão de seres vivos, e voem aves sobre a terra, debaixo do firmamento dos céus". Deus criou os monstros marinhos e toda a multidão de seres vivos que enchem as águas, segundo a sua espécie, e todas as aves segundo a sua espécie. E Deus viu que isso era bom. E Deus os abençoou: "Frutificai, disse ele, e multiplicai-vos, e enchei as águas do mar, e que as aves se multipliquem sobre a terra". Sobreveio a tarde e depois a manhã: foi o quinto dia.*

> Deus disse: *"Produza a terra seres vivos segundo a sua espécie: animais domésticos, répteis e animais selvagens, segundo a sua espécie". E assim se fez. Deus fez os animais selvagens segundo a sua espécie, os animais domésticos igualmente, e da mesma forma todos os animais, que se arrastam sobre a terra. E Deus viu que isso era bom.*
>
> Então, Deus disse: *"Façamos o homem à nossa imagem e semelhança. Que ele reine sobre os peixes do mar, sobre as aves dos céus, sobre os animais domésticos e sobre toda a terra, e sobre todos os répteis que se arrastem sobre a terra". Deus criou o homem à sua imagem; criou-o à imagem de Deus, criou o homem e a mulher. Deus os abençoou: "Frutificai, disse ele, e multiplicai-vos, enchei a terra e submetei-a. Dominai sobre os peixes do mar, sobre as aves dos céus e sobre todos os animais que se arrastam sobre a terra".*
>
> Deus disse: *"Eis que eu vos dou toda a erva que dá semente sobre a terra, e todas as árvores frutíferas que contêm em si mesmas a sua semente, para que vos sirvam de alimento. E a todos os animais da terra, a todas as aves dos céus, a tudo o que se arrasta sobre a terra, e em que haja sopro de vida, eu dou toda erva verde por alimento". E assim se fez. Deus contemplou toda a sua obra, e viu que tudo era muito bom" (Gn 1,1-31).*

Deus diz, por meio de Sua Palavra, e as coisas se realizam, se transformam, se modificam, enfim, acontecem! Essa é a força contida na palavra que também a nós foi legada, quando Ele nos criou à Sua imagem e semelhança, isto é, com a capacidade de pensarmos e, pela palavra, expressarmos os nossos mais variados pensamentos. Daí nascem as ciências, as descobertas, as culturas, as artes e tantas outras conquistas humanas. Conquistas que, pelas palavras humanas, vão ganhando forma, sentido, razão, motivação e tudo mais! Conquistas que, também pela palavra, vão sendo transmitidas de geração a geração, de povos a povos, sem cessar, sendo ainda aperfeiçoadas no decorrer dos séculos.

Verbalizar os nossos conhecimentos, os nossos sentimentos, os nossos pensamentos, as nossas experiências, as nossas descobertas, as nossas invenções, as nossas ideias, as nossas inovações, as nossas mudanças, o nosso amor etc., é um dom maravilhoso e inefável que Deus legou à criatura humana, como já disse, criada à Sua imagem e semelhança. Somente isso já é suficiente para fazer brotar em nós uma oração espontânea de gratidão eterna, de louvor e de reconhecimento de Sua bondade! Assim podemos perceber que a oração faz parte da natureza humana, independentemente de existirem as religiões.

Já os povos primitivos, com os seus cultos exóticos, nos revelam essa percepção humana por algo superior a eles, e a quem, de uma maneira ou de outra, procuram cultuar, agradecer, oferecer, pedir, enfim, se manifestar de uma maneira concreta, real e visível. Podemos perfeitamente compreender tudo isso como a oração natural e inerente à criatura humana! Eles realizam os primórdios das celebrações que as religiões realizam hoje para cultuar a Deus!

A criatura humana que se atém a observar a natureza, o firmamento e toda forma de vida existente ao seu redor, naturalmente, já remete o seu pensamento a um ser ou algo (superior a ela) que tenha criado tudo isso, de forma tão harmoniosa e tão diversificada! Diria, portanto, sem medo de errar, que a oração, por ser um dom de Deus ao homem e à mulher, se transforma, naturalmente, no decorrer dos tempos, num dom quase que natural e inerente à criatura humana, bastando apenas que ela contemple o universo, em qualquer segmento ou direção, para despertá-lo em cada um de nós.

Os Salmos – do latim *psalmus*, que significam louvores – existem há milênios e são basicamente a compilação das orações do povo judeu no decorrer de séculos passados. Apesar de nem todo salmo expressar obrigatoriamente um louvor, existem salmos de lamentações, cânticos de penitência, poemas didáticos e súplicas. Lemos em muitos deles louvores a Deus pela criação em suas mais diversificadas obras, como vemos especificamente no Salmo 148, que assim se expressa ao Criador:

> *"Aleluia. Nos céus, louvai o Senhor, louvai-o nas alturas do firmamento. Louvai-o, todos os seus anjos. Louvai-o, todos os seus exércitos. Louvai-o, sol e lua; louvai-o, astros brilhantes. Louvai-o, céus dos céus, e vós, ó oceanos dos espaços celestes. Louvem o nome do Senhor, porque Ele mandou e tudo foi criado. Tudo estabeleceu pela eternidade dos séculos; fixou-lhes uma lei que não será violada. Na terra, louvai o Senhor, cetáceos e todos das profundezas do mar; fogo e granizo, neve e neblina; vendaval proceloso dócil às suas ordens; montanhas e colinas, árvores frutíferas, árvores silvestres; feras e rebanhos, répteis e aves; reis da terra e todos os seus povos; príncipes e juízes do mundo; jovens e donzelas; velhos e crianças! Louvem todos o nome do Senhor, porque só o seu nome é excelso. Sua majestade transcende a terra e o céu, e conferiu a seu povo um grande poder. Louvem-no todos os seus fiéis, filhos de Israel, povo a ele mais chegado!" (Sl 148 1-14).*

Todos nós podemos adquirir o saudável hábito de orar, fundamentados na leitura, na reflexão e, principalmente, na inspiração do livro dos Salmos, os quais há milênios são utilizados por fiéis monoteístas (aqueles que professam a sua fé num Deus único) como forma de se manifestar pela oração a Deus. Os salmos, ou, ao menos, trechos deles, compõem parte de nossas orações litúrgicas e mesmo de diversas citações de Jesus que constam dos Evangelhos. Para nós, eles representam um tesouro espiritual, de onde já os primeiros cristãos tiravam orientações para uma conduta correta diante de Deus.

Portanto, a palavra que proferimos não é algo qualquer que se evapora como o éter em contato com o oxigênio e se dilui na atmosfera. A palavra tem substância e, por isso, sempre produz efeitos quando pronunciada. Por compreender isso, São Paulo, em sua carta aos primeiros cristãos da cidade de Éfeso, entre muitos conselhos práticos para uma verdadeira conversão de vida, diz: *"Nenhuma palavra má saia da vossa boca, mas só a que for útil para a edificação, sempre que for possível, e benfazeja aos que ouvem" (Ef 4,29)*. Logo, devemos ter cuidado com tudo o que proferimos por nossa boca.

Já no livro do Eclesiástico – que se estima ter sido elaborado duzentos anos antes do nascimento de Jesus – encontramos diversos conselhos para que a nossa língua não seja mal utilizada, pois, por mau uso dela, podemos pecar gravemente. Entre outras preces assim se expressa o autor eclesiástico:

> *"'Quem porá uma guarda à minha boca, e um selo inviolável nos meus lábios, para que eu não caia por sua causa, e para que minha língua não me perca?' Senhor, meu pai e soberano de minha vida, não me abandoneis*

ao conselho de meus lábios, e não permitais que eles me façam sucumbir. Quem fará sentir o chicote em meus pensamentos, e em meu coração a doutrina da sabedoria, para eu não ser poupado nos pecados por ignorância, a fim de que esses erros não apareçam? Para que não aumentem as minhas omissões, e não se multipliquem as minhas ignorâncias, e eu não caia diante de meus adversários, e não escarneça de mim o meu inimigo?" (Eclo 22,33; 23,1-3).

São Pedro apóstolo, instituído por Jesus Cristo como o nosso primeiro papa, já ao fim de sua vida, nos escreve duas cartas com sábias orientações para que possamos nos manter seguindo os passos que Jesus nos ensinou.

Em sua primeira carta, recordando um trecho do livro dos Salmos, ele assim nos orienta sobre o uso de nossas palavras: *"Com efeito, quem quiser amar a vida e ver dias felizes, refreie sua língua do mal e seus lábios de palavras enganadoras; aparte-se do mal e faça o bem, busque a paz e siga-a. Porque os olhos do Senhor estão sobre os justos e seus ouvidos, atentos a seus rogos; mas a força do Senhor está contra os que fazem o mal (Sl 33,13-17)" (I Pd 3,10-12).* Más palavras nos induzem automaticamente ao mal, já as boas palavras, por si só, soam como uma oração, um zelo ou gratidão.

Assim a nossa primeira reflexão sobre oração nos leva a compreender que para orar basta apenas que verbalizemos o que estamos sentindo e que dirijamos essa nossa verbalização a Deus, sempre atento e pronto a nos ouvir. Quer fazer uma experiência? Interrompa agora, por alguns minutos, a sua leitura, feche os seus olhos (para que sua atenção não se desvie) e procure focar a sua atenção em Deus, que está presente ao seu lado, sempre. Experimente falar normalmente com Ele, verbalizando os seus sentimentos, os seus pensamentos, as suas dúvidas, a sua gratidão, seja lá o que for que você esteja vivendo ou passando. É possível falar falar ou simplesmente pensar, pois de ambas as maneiras estará orando! Manifeste-Se e depois faça silêncio para que Deus, por sua vez, também Se manifeste, de alguma forma, sugerindo algo em seu coração. Tente, não lhe custará nada! Não desista se nas primeiras vezes você não perceber nenhuma manifestação divina, continue sem desanimar e em pouco tempo acabará percebendo Deus se manifestando, de alguma maneira, em suas orações. Aliás, esta é uma das condições essenciais para que possamos nos comunicar com Deus: *a perseverança*, ou seja, não desistirmos nem desanimarmos diante de insucessos ou de tentativas frustradas. Tenho comigo que a principal causa de nossa desistência em orarmos é nossa falta de perseverança, graça, que se pedirmos firmemente a Deus, Ele nos concederá, pois sabe que o maligno se vale de nosso desânimo, consequência de nossa falta de perseverança para orarmos, para penetrar sorrateiramente em nosso interior na tentativa de se apossar de nossos pensamentos, para nos acusar, nos impedindo de orarmos, mesmo em tempos de aridez espiritual.

Santa Teresa de Ávila, santa do século XVI, nascida na Espanha, religiosa carmelita, doutora da Igreja e mística que nos legou grandes ensinamentos sobre a vida contemplativa e espiritual, assim se expressa sobre a importância da determinação em nossas orações:

"Àqueles que almejam este caminho (o da perseverança na oração) sem tréguas, até o fim, e chegar a beber desta Água Viva (que Jesus mencionou à Samaritana), insisto em repetir que os começos são muito importantes; tudo consiste numa firme determinação de não soltar nenhum suspiro até consegui-lo, custe o que custar, passe o que passar, por mais trabalho que nos dê. Murmure quem murmurar, esta é a condição de chegarmos ali, ainda que morramos no caminho, ainda que nos falte a coragem frente às provações do caminho, mesmo que o mundo se afunde...[1]".

A principal ferramenta da perseverança para evoluirmos é a nossa determinação, que depende de nossa vontade humana e de nossa firme decisão: vou continuar orando, sempre e determinadamente, não importando os obstáculos que possam surgir nesta empreitada! A perseverança caminha lado a lado com a oração e uma depende da outra para ambas subsistirem. A nossa perseverança nos apresentará a Deus como uma pessoa fiel, e a fidelidade é o vínculo mais vigoroso e resistente que fortalece as nossas amizades.

Deus é nosso amigo, e não nosso juiz ou nosso feitor. Deus é amigo e quer cativar a nossa amizade, para poder Se abrir inteiramente a cada um de nós, nos revelando o interior boníssimo de Seu coração misericordioso. Não é isso que acontece entre os amigos? Pois Deus, o nosso maior amigo, quer aprofundar a Sua amizade com cada filho ou filha que Ele trouxe ao mundo, por meio de nossos pais biológicos. Para isso Ele precisa apenas que nós Lhe demonstremos, inicialmente, a nossa fidelidade, perseverando nas orações até que alcancemos nosso objetivo: estabelecer com Ele uma comunicação fácil, direta e rápida, como fazemos com pessoas em nossos smartphones. Assim, tente sempre e não desista, pois, mais cedo ou mais tarde, a comunicação se estabelecerá de forma estável e segura sem ruídos e sem interferências. E então você experimentará dessa Água Viva que Jesus nos prometeu!

---

1. JESUS, Santa Teresa de. *Caminho da perfeição*. São Paulo: Vozes, 2014.

CAPÍTULO 2

DEUS SEMPRE NOS OUVE?

Essa é uma pergunta que nós, padres, religiosos e religiosas, ouvimos dos fiéis com frequência. É claro que Deus sempre nos ouve. Deus, diferentemente de nós, humanos, não tem descanso, repouso ou pausa. Aliás, Ele é o nosso descanso, o nosso repouso e, por inúmeras vezes, a nossa pausa no meio de tantas tribulações de nossa existência humana. Não há criatura humana que não passe por severas tribulações ou dificuldades. A vida por si só já nos traz em seu bojo: problemas, obstáculos a serem superados, adversidades, inimigos, doenças naturais e inerentes à nossa condição humana, deficiências, acidentes, reveses, catástrofes naturais, fatalidades, perseguições, entre tantos outros desafios.

Podemos enfrentá-los apenas com as nossas forças e a nossa inteligência humana, buscando soluções, saídas, bálsamos ou escapes, porém, podemos também pedir a Deus que nos ajude nesse combate. Isso nós o fazemos por meio de nossas orações, que, reafirmo, são sempre ouvidas por Deus, que permanece sempre atento e pronto a ver e a ouvir quem a Ele recorre. Assim nos afirma o Salmo 10: *"O Senhor habita em Seu templo; o Senhor tem Seu trono no céu.*

Sua vista está atenta, Seus olhares observam os filhos dos homens" (Sl 10,4).

Deus observa atentamente cada um de nós e está à nossa disposição sempre que a Ele recorrermos. Jesus, o Filho de Deus, durante a Sua missão aqui na terra, recorria frequentemente a Deus Pai pela oração. Todos os evangelistas citam este fato: Jesus orava constantemente ao Pai. São Lucas, evangelista, ao se referir à repercussão da pregação e dos milagres que Jesus operava, na tentativa de converter os que O ouviam e O viam, ressalta que, sempre após Sua pregação às massas, Jesus recolhia-se em oração ao Pai:

> *"Entretanto, espalhava-se mais e mais a sua fama e concorriam grandes multidões para O ouvir e ser curadas das suas enfermidades. Mas Ele (Jesus) costumava retirar-se a lugares solitários para orar" (Lc 5,15-16).*

Jesus, após pregar, curar, operar milagres e expulsar demônios, costumava se reabastecer espiritualmente, por isso, após cada missão empreendida, recolhia-Se em oração, sempre buscando um local solitário, para que a Sua atenção não se dispersasse e Ele pudesse permanecer em perfeita sintonia com o Pai. Para que a nossa oração seja eficaz, precisamos fazer o mesmo. Aliás, Jesus deu esse conselho aos Seus discípulos ao dizer-lhes: *"Quando orares, entra no teu quarto, fecha a porta e ora ao teu Pai em segredo; e teu Pai, que vê num lugar oculto, recompensar-te-á" (Mt 6,6).*

Lucas ainda ressalta que Jesus também orava antes de tomar as Suas decisões, como quando foi para escolher entre os Seus discípulos aqueles que se tornariam os Seus apóstolos e dariam continuidade à missão por Ele iniciada:

"Naqueles dias, Jesus retirou-se a uma montanha para rezar, e passou aí toda a noite orando a Deus. Ao amanhecer, chamou os seus discípulos e escolheu doze dentre eles que chamou de apóstolos" (Lc 6, 12-13).

Esse exemplo de Jesus deve ser seguido por todos nós: antes de tomarmos uma decisão importante, dobremos os nossos joelhos, ou ainda, se possível, que nos recolhamos diante do Santíssimo Sacramento, em nossa paróquia ou nossa comunidade, e peçamos a Deus que Ele Se manifeste de alguma forma sobre a Sua vontade quanto a essa decisão que estamos prestes a tomar. Peçamos a luz do Espírito Santo e os seus dons do discernimento e da sabedoria para nos guiar.

Tenhamos certeza de que Deus nos ouvirá e, de alguma forma clara e concreta, Ele nos dará uma resposta por meio de algum sinal sensível e perceptível por nós. Jesus também, como qualquer criatura humana, nos momentos difíceis e de angústia suprema, como foi antes de ser preso, julgado e condenado à morte na cruz, orou e suplicou ao Pai no Monte das Oliveiras, como narra Lucas:

"Conforme o seu costume, Jesus saiu dali e dirigiu-se para o monte das Oliveiras, seguido dos seus discípulos. Ao chegar àquele lugar, disse-lhes: Orai para que não caiais em tentação. Depois se afastou deles à distância de um tiro de pedra e, ajoelhando-se, orava: Pai, se é de teu agrado, afasta de mim este cálice! Não se faça, todavia, a minha vontade, mas sim a tua.

Apareceu-lhe então um anjo do céu para confortá-lo. Ele entrou em agonia e orava ainda com mais instância, e seu suor tornou-se como gotas de sangue a escorrer pela terra. Depois de ter rezado, levantou-se, foi ter com os discípulos e achou-os adormecidos de tristeza. Disse-lhes: Por que dormis? Levantai-vos, orai, para não cairdes em tentação" (Lc 22,39-46).

Dessa narrativa de Lucas sobre a oração de Jesus no Horto das Oliveiras, temos algumas lições que devemos aprender. A primeira delas é a de que podemos e devemos pedir a Deus que nos livre de todos os males – e Jesus nos confirma isso ao ensinar-nos a oração do Pai-nosso na frase em que dizemos: *mas livrai-nos do mal* –, entretanto, a exemplo de Jesus, devemos sempre deixar a "porta aberta" para que prevaleça a Vontade de Deus, e não a nossa vontade humana.

Sim, porque, muitas vezes, a Vontade de Deus não coincide com os nossos desejos e a nossa vontade, em nossas orações. A humildade, outro fator imprescindível para uma oração eficaz, mesmo nos momentos mais difíceis, é permitir que Deus faça em nós aquilo que é de Sua Vontade, pois ela sempre será a melhor alternativa para nós. Conformarmo-nos com a Vontade Divina sobre a nossa vida é um gesto de humildade e de subordinação a Ele, nosso Senhor.

A Vontade de Deus deverá sempre prevalecer em nossas orações e nós devemos expressar isso, de forma clara e consciente, em nossas preces e súplicas, mesmo contrariando a nossa vontade humana. Aquilo que neste exato momento de nossa vida possa nos parecer que não é o melhor, no futuro, se lembrado e analisado, veremos que aconteceu para o nosso bem e que, se aquele fato não tivesse ocorrido, naquelas circunstâncias que nos pareciam desfavoráveis, nós não estaríamos onde hoje estamos. Já ouvi inúmeros testemunhos assim expressos de leigos, leigas e mesmo de sacerdotes e religiosas.

Outra lição que devemos tirar é a de que a oração é uma força para vencer ou mesmo nos livrar das muitas tentações às quais somos constantemente expostos nesta vida. A nossa fragilidade humana, muitas e muitas vezes, pode nos induzir a cairmos em inúmeras tentações perigosas, e a melhor arma para combatê-las é a oração, como nos aconselha Jesus: *orai, para não cairdes em tentação.* Há tentações em nossa vida que só poderão ser superadas pelas orações.

Outra lição que aprendemos dessa oração de Jesus no Horto é a força da oração coletiva, ou seja, duas ou mais pessoas orando na mesma intenção. Aliás, Jesus destacou textualmente o poder da oração conjunta ao dizer:

> *"Digo-vos ainda isto: se dois de vós se unirem sobre a terra para pedir, seja o que for, consegui-lo-ão de meu Pai que está nos céus. Porque onde dois ou três estão reunidos em meu nome, aí estou eu no meio deles" (Mt 18,19-20).*

Daí é preciso realçar a importância de nossa participação nas missas dominicais (e se possível diárias) quando a comunidade se reúne, em nome de Jesus e na presença do sacerdote ali O representando, para juntos celebrarem. A oração da comunidade produz efeitos sobre todos os que dela participam e sobre as pessoas pelas quais oramos naquela celebração. Participar regularmente das missas dominicais nos ajuda em nosso hábito de rezar. Fazer parte das missas afasta o mal de nós.

Nas missas, de uma maneira especial, Deus nos ouve o tempo todo. Se acompanharmos atentamente a liturgia da missa, observaremos os muitos momentos que nos são reservados para que falemos diretamente ao coração de Deus Pai. Por exemplo, logo no começo, depois do ato penitencial seguido pela oração do Glória, o presidente de celebração volta-se para a assembleia e diz: OREMOS! Esta é a chamada oração da coleta, quando o sacerdote recolhe as nossas intenções naquela missa e as apresenta ao Pai.

Muitos fiéis, não sabendo disso, permanecem desatentos, quando deveriam estar apresentando em seu coração as suas preces, os seus pedidos, a sua gratidão, enfim, a sua oração para que ela seja levada a Deus pela prece final do padre. Deus, neste momento, está ouvindo cada participante da celebração, atento aos seus rogos, apelos e necessidades. Deus está de ouvidos abertos para nos ouvir e acolher em Seu misericordioso coração as nossas preces. Deus nos ouve, sim, nas missas e a todo instante, quando a Ele nos dirigimos!

São Tiago em sua carta assim escreve:

> *"A oração do justo tem grande eficácia. Elias era um homem pobre como nós e orou com fervor para que não chovesse sobre a terra, e por três anos e seis meses não choveu. Orou de novo, e o céu deu chuva, e a terra deu o seu fruto" (Tg 5,16-18).*

Elias, citado por Tiago, foi um dos maiores profetas do povo judeu, tendo vivido novecentos anos antes do nascimento de Jesus. Os profetas eram a voz de Deus junto ao povo judeu. Por meio de suas exortações, correções, orientações e preces, Deus procurava conduzir o povo por Ele escolhido para enfim se manifestar pessoalmente através de Seu Filho Jesus Cristo, o ápice da comunicação divina com a humanidade.

Deus se comunicava com o Seu povo por meio destes canais: os profetas, que, quando iluminados pelo Espírito Santo de Deus, operavam milagres, para que o povo compreendesse que quem lhes dirigia a Palavra naquela situação era o próprio Deus, e ele, o profeta, apenas o Seu "veículo de transmissão". O sinal perceptível de que era Deus quem ora lhes falava aparecia em uma das seguintes frases, que antecediam a fala de Deus: "Oráculo do Senhor", "Oráculo de Javé" ou ainda "Deus disse" e "Eis o que diz o Senhor", dependendo da versão ou da tradução bíblica.

Ao exercitarmos a prática da oração, iremos, gradativamente, percebendo a "voz de Deus", ou as Suas respostas, por meio de sinais perceptíveis por nós. Ora Deus nos responde diretamente ao nosso coração, outras vezes pela própria Palavra de Deus lida ou proferida numa celebração. Algumas vezes Ele nos responde por um sinal externo que, imediatamente, compreendemos que se trata de uma resposta de Deus ao que lhe dirigimos em preces. Em muitas ocasiões, Ele se vale de alguma pessoa, às vezes até nossa desconhecida, para nos responder, particularmente as crianças, que são puras e inocentes, portanto, veículos ideais para Deus por meio delas Se manifestar a nós.

É comum encontrarmos testemunhos de pais, avós, tios, tias, padrinhos e madrinhas sobre respostas de Deus vindas dos lábios de uma criança. Já no Antigo Testamento, no livro dos Salmos, comprovamos que Deus se utiliza das crianças para Se manifestar aos homens e mulheres. Assim expressa o versículo 3 do Salmo 8: *"Da boca das crianças e dos pequeninos sai um louvor que confunde vossos adversários, e reduz ao silêncio vossos inimigos"*.

É preciso sempre ressaltar que nós contamos com a assistência do Espírito Santo em nosso diálogo com Deus, por isso é aconselhável que as nossas orações sejam sempre precedidas por uma oração ao Espírito Santo. Invocarmos o Espírito Santo é simples: podemos escolher a oração tradicional que usamos na Igreja ou simplesmente dizer: Vem, Espírito Santo, agora em nosso auxílio nesta nossa oração a Deus Pai, em nome de Jesus Cristo.

A oração mais comum de invocação ao Espírito Santo é esta:

Vinde, Espírito Santo, enchei os corações dos vossos fiéis e acendei neles o fogo do vosso amor. Enviai o vosso Espírito e tudo será criado, e renovareis a face da terra. Oremos: Ó Deus, que instruístes os corações dos vossos fiéis com a luz do Espírito Santo, fazei que apreciemos retamente todas as coisas e gozemos sempre da sua consolação. Por nosso Senhor Jesus Cristo na unidade do Espírito Santo, amém.

Porém, não há obrigatoriedade de fórmula de oração para invocarmos o Espírito Santo, mas sim necessidade de que a façamos com fé, na certeza de que Ele sempre virá em nosso auxílio, quando por Ele clamamos fervorosamente em nossas orações e demais circunstâncias. O Espírito Santo nos foi dado por Deus, depois da ascensão de Jesus Ressuscitado ao céu, quando os discípulos, reunidos, oravam e pediam luzes para continuar a anunciar o Evangelho de Jesus, agora sem a Sua presença física. Estavam temerosos, inertes, acuados e silenciosos. Esse fato extraordinário aconteceu nove dias após a ascensão de Jesus ao céu e cinquenta dias após a Sua Ressurreição, exatamente no dia de Pentecostes, festa religiosa comemorada pelos judeus cinquenta dias após a páscoa judaica. A Bíblia assim narra essa descida do Espírito Santo sobre a humanidade:

"Chegando o dia de Pentecostes, estavam todos reunidos no mesmo lugar. De repente, veio do céu um ruído, como se soprasse um vento impetuoso, e encheu toda a casa onde estavam sentados. Apareceu-lhes então uma espécie de línguas de fogo que se repartiram e pousaram sobre cada um deles.

> *Ficaram todos cheios do Espírito Santo e começaram a falar em línguas, conforme o Espírito Santo lhes concedia que falassem. Achavam-se então em Jerusalém judeus piedosos de todas as nações que há debaixo do céu (vindos de todas as partes para a celebração de Pentecostes).*
>
> *Ouvindo aquele ruído, reuniu-se muita gente e maravilhava-se de que cada um os ouvia falar na sua própria língua. Profundamente impressionados, manifestavam a sua admiração: Não são, porventura, galileus todos estes que falam? Como então todos nós os ouvimos falar, cada um em nossa própria língua materna? Partos, medos, elamitas; os que habitam a Macedônia, a Judeia, a Capadócia, o Ponto, a Ásia, a Frígia, a Panfília, o Egito e as províncias da Líbia próximas a Cirene; peregrinos romanos, judeus ou prosélitos, cretenses e árabes; ouvimo-los publicar em nossas línguas as maravilhas de Deus!" (At 2,1-11).*

Desde a sua descida do céu, o Espírito Santo já nos mostra a Sua missão: acudir aos fiéis e ajudá-los a *proclamarem as maravilhas de Deus!* Jesus, em Sua despedida, já havia prometido aos discípulos que não os deixaria sós, mas que Deus Pai lhes enviaria do céu o Espírito Santo, como assim lemos na narrativa do evangelista João, na Bíblia identificado como o discípulo que Jesus amava:

> *"Se alguém me ama, guardará a minha palavra e meu Pai o amará, e nós viremos a ele e nele faremos nossa morada. Aquele que não me ama não guarda as minhas palavras. A palavra que tendes ouvido não é minha, mas sim do Pai que me enviou. Disse-vos estas coisas enquanto estou convosco. Mas o Paráclito, o Espírito Santo, que o Pai enviará em meu nome, ensinar-vos-á*

todas as coisas e vos recordará tudo o que vos tenho dito" (Jo 14,23-26).

Alguns versículos à frente, João continua a escrever sobre o que Jesus nos diz a respeito do Espírito Santo, o Paráclito (que significa advogado, defensor) e sua função junto à humanidade:

> *"Muitas coisas ainda tenho a dizer-vos, mas não as podeis suportar agora. Quando vier o Paráclito, o Espírito da Verdade, ensinar-vos-á toda a verdade, porque não falará por si mesmo, mas dirá o que ouvir, e anunciar-vos-á as coisas que virão. Ele me glorificará, porque receberá do que é meu, e vo-lo anunciará" (Jo 16,12-14).*

Portanto é importante e até essencial que, antes de nossas orações, invoquemos o Espírito Santo para que Ele nos recorde os ensinamentos de Jesus contidos nos Evangelhos e ainda nos ensine novas coisas. Sim, porque nem tudo o que hoje ocorre no mundo, com a evolução da ciência, dos conhecimentos, da biologia, da tecnologia, está objetivamente contemplado na Palavra de Deus, que foi escrita, aproximadamente, quatro milênios atrás e "encerrou-se" há cerca de dois milênios com o nascimento, morte e ressurreição de Jesus.

O Espírito Santo, por meio da Igreja, continua iluminando os nossos papas, cujos documentos que aplicam e contextualizam esta palavra, que é a Verdade, nas novas situações que a humanidade vive, enfrenta e desfruta. O Espírito Santo é que vivifica a Igreja no decorrer desses dois milênios passados, mantendo-a viva e atual. Ele é a seiva que mantém viva e faz crescer, sem parar, a nossa Igreja!

Deus nos fala e muito por intermédio do Espírito Santo que todos nós, batizados, recebemos no dia de nosso batismo. Essa semente divina se aloja em nosso coração e, como toda semente, espera pacientemente que seja cultivada, regada e fertilizada a fim de crescer e dar muitos frutos. A oração é um dos fertilizantes principais para que essa semente do Espírito Santo possa crescer em nós e frutificar em boas obras e santidade.

Um novo convite é feito a fim de parar, fechar os olhos, silenciar o coração e toda a alma – muitas vezes inquieta – e suavemente pedir ao Espírito Santo que Se manifeste em nós de alguma maneira, aos nossos sentidos ou, ao menos, por meio de uma inspiração ao coração. Ele nunca falha quando O invocamos com fé e confiança. Façamos isso e será comprovado o que foi escrito. Mas não o faça somente uma vez, repita várias vezes ao dia, particularmente quando você precisar tomar alguma decisão, mas se sentir em dúvida sobre qual ela deva ser. Tenhamos certeza de que o Espírito Santo virá em seu auxílio, lembrando-nos sempre de que na oração é imprescindível perseverarmos com determinação firme e constante.

CAPÍTULO 3

O SILÊNCIO DE DEUS EM NOSSAS ORAÇÕES

Outra queixa comum entre os fiéis, e causa de muitas dúvidas sobre a eficácia de nossas orações, é o silêncio de Deus, não respondendo imediatamente aos nossos pedidos, rogos ou apelos. Inicialmente, devo lhe dizer que Deus não é assim tão "evidente" como nós, criaturas humanas, o somos. Há uma passagem ocorrida com o profeta Elias, quando ele, fugindo dos soldados da má rainha Jezebel que, furiosa, mandou matá-lo a qualquer custo; pois Elias, pelo poder de Deus, desmascarou os falsos sacerdotes que a serviam, desviando o povo israelita do Caminho e levando-os a cultuarem ídolos pagãos como Baal.

Elias então, diante dessa ameaça de morte, foge para o Monte Horeb (identificado como a Montanha de Deus), que fica no meio do deserto, onde Deus então Se manifesta a ele, como nos é narrado no livro do Reis, no Antigo Testamento:

> *"Chegando ali, ele passou a noite numa caverna. Então a palavra do Senhor foi-lhe dirigida: Que fazes aqui, Elias? Ele respondeu: Estou devorado de zelo pelo Senhor,*

o Deus dos exércitos. Porque os israelitas abandonaram a vossa aliança, derrubaram os vossos altares e passaram os vossos profetas ao fio da espada. Só eu fiquei, e querem tirar-me a vida.

O Senhor disse-lhe: Sai e conserva-te em cima do monte na presença do Senhor: Ele vai passar. Nesse momento passou diante do Senhor um vento impetuoso e violento, que fendia as montanhas e quebrava os rochedos; mas o Senhor não estava naquele vento. Depois do vento, a terra tremeu; mas o Senhor não estava no tremor de terra. Passado o tremor de terra, acendeu-se um fogo; mas o Senhor não estava no fogo.

Depois do fogo ouviu-se o murmúrio de uma brisa ligeira. Tendo Elias ouvido isso, cobriu o rosto com o manto, saiu e pôs-se à entrada da caverna. Uma voz disse-lhe: Que fazes aqui, Elias? Ele respondeu: Consumo-me de zelo pelo Senhor, Deus dos exércitos. Porque os israelitas abandonaram a vossa aliança, derrubaram os vossos altares e passaram os vossos profetas ao fio da espada. Só eu fiquei, e agora querem tirar-me a vida. O Senhor disse-lhe: Retoma o caminho do deserto, na direção de Damasco" (II Rs 19,9-15).

Reproduzimos na íntegra esse trecho bíblico para mostrar a você que Deus não Se manifestou a Elias no vento impetuoso, nem no tremor da terra, muito menos no fogo ardente, todos eles fenômenos ruidosos, mas sim numa brisa leve, imediatamente reconhecida e identificada pelo profeta como a presença de Deus, que o orienta a tomar o rumo para onde ele estaria livre dos soldados que queriam lhe tirar a vida. Deus age da mesma forma comigo, com você e com toda a criatura humana: manifesta-Se suavemente, sem alarde ou espetáculo pirotécnico para nos chamar a atenção. Deus é discreto e suave...

Porém, percebam que para Deus Se manifestar objetivamente a Elias foi-lhe ordenado que ele permanecesse: *na presença do Senhor*, ou seja, em oração! E Elias permaneceu orando (ou seja: na presença do Senhor). Orar, caríssimos, nada mais é do que permanecermos na presença do Senhor, que está presente em todo o universo. Ao orarmos estaremos sempre na Sua presença, pois Ele estará sempre ao nosso lado, estejamos onde estivermos.

Entretanto, muitas e muitas vezes, a suavidade de Deus é tanta que nós não O perceberemos, muito menos conseguiremos ouvir a Sua voz, porque vivemos numa sociedade barulhenta e excessivamente turbulenta, e Deus habita no silêncio. No silêncio de nosso coração, de nossa alma e de nossa vida.

Jesus, antes de assumir a missão que Deus Pai lhe confiara, retira-se para o deserto onde, no silêncio, permanece por quarenta dias, para ouvir claramente as instruções de Deus, e assim bem iniciar a Sua vida pública, pregando a Boa-Nova a todas as criaturas, curando e libertando todas as pessoas que a Ele recorressem e O reconhecessem como o Filho de Deus encarnado, o Messias que fora prometido ao povo judeu.

Nesse período Ele foi assediado pelo demônio, que, por três vezes, tentou, em vão, seduzi-Lo prometendo-Lhe o ter, o poder e o prazer, se Ele decidisse servi-lo, em vez de servir a Deus, conforme lemos no Evangelho de São Mateus e no livro de Deuteronômio:

> *"Jesus foi conduzido pelo Espírito ao deserto para ser tentado pelo demônio. Jejuou quarenta dias e quarenta*

noites. Depois, teve fome. O tentador aproximou-se dele e lhe disse: Se és Filho de Deus, ordena que estas pedras se tornem pães. Jesus respondeu: Está escrito: Não só de pão vive o homem, mas de toda palavra que procede da boca de Deus (Dt 8,3).

O demônio transportou-o à Cidade Santa, colocou-o no ponto mais alto do templo e disse-lhe: Se és Filho de Deus, lança-te abaixo, pois está escrito: Ele deu a seus anjos ordens a teu respeito; proteger-te-ão com as mãos, com cuidado, para não machucares o teu pé em alguma pedra (Sl 90,11s). Disse-lhe Jesus: Também está escrito: Não tentarás o Senhor teu Deus (Dt 6,16).

O demônio transportou-o, uma vez mais, a um monte muito alto, e lhe mostrou todos os reinos do mundo e a sua glória, e disse-lhe: Dar-te-ei tudo isto se, prostrando-te diante de mim, me adorares. Respondeu-lhe Jesus: Para trás, Satanás, pois está escrito: Adorarás o Senhor teu Deus, e só a ele servirás (Dt 6,13).

Em seguida, o demônio o deixou, e os anjos aproximaram-se dele para servi-lo" (Mt 4,1-11).

Jesus refuta as três tentações e permanece no silêncio do deserto jejuando e orando a Deus Pai, nessa quietude solitária. Somente depois desse tempo de escuta de Deus, Jesus volta e começa a Sua missão, como narra o evangelista Lucas: *"Jesus então, cheio da força do Espírito, voltou para a Galileia. E a sua fama divulgou-se por toda a região. Ele ensinava nas sinagogas e era aclamado por todos" (Lc 4,14-15).*

Na maioria das vezes, o silêncio de Deus deve ser compreendido por nós como um tempo de espera, mesmo porque o tempo de Deus é totalmente diferente do nosso tempo humano. Dizemos que o nosso tempo humano aqui na terra é cronológico (vocábulo oriundo do grego *chrónos*, que significa tempo) e referencial, ou seja, é mensurado a partir de referências físicas e cósmicas.

Por exemplo: qual o tempo de duração de um dia em nossa vida? Vinte e quatro horas, você diria. Mas qual é o referencial para se determinar esse período como um dia? O anoitecer e o amanhecer, o que na prática significa a Terra completar uma volta inteira sobre o seu eixo.

Supondo agora que nós vivêssemos no Planeta Saturno, se usarmos esse mesmo referencial acima, você sabe quantas horas duraria um dia nesse Planeta? Dez horas, trinta e dois minutos e quarenta e quatro segundos (e não 24 horas como na Terra), pois esse seria o tempo, estimado por astrônomos e matemáticos, que o Planeta Saturno pode levar para dar uma volta completa em torno do seu eixo. Somente diante desse exemplo já poderemos compreender que o nosso tempo é referencial exclusivamente ao nosso Planeta. Um ano aqui na Terra é contabilizado quando o Planeta completar uma volta ao redor do Sol, que permanece no centro de nosso sistema solar. Se formos usar esse mesmo referencial para o Planeta Saturno, ele, de acordo com os cálculos dos astrônomos, levaria aproximadamente 22,5 anos terrestres para completar a sua volta ao redor do astro rei. Foi possível perceber o que é um tempo cronológico referencial? Algo particular e específico para cada local do universo.

Mas então como é que Deus, que se faz presente em todo o universo, contabiliza o tempo? Quais seriam então as referências divinas? Ora, Deus não se vale de referências físicas ou espaciais, mas sim das circunstâncias, logo o tempo de Deus é circunstancial, diferentemente do nosso tempo referencial!

Sim, o tempo de Deus é circunstancial, ou seja, ele se move pelas circunstâncias, e não por anos, meses, dias, minutos ou segundos. Por isso exclama o salmista no salmo 89, cuja redação é atribuída a Moisés: *"Porque mil anos, diante de vós (Senhor), são como o dia de ontem que já passou, como uma só vigília da noite" (Sl 89,40).*

Deus é eterno e na eternidade não se contabilizam os dias ou os milênios, mas sim os atos e os fatos. Tomemos como exemplo Maria, a mãe de Jesus, que, mesmo muito jovem, foi considerada por Deus como digna e preparada para gestar o Seu Filho único. Imagine quantas mães judias experientes, que já haviam dado à luz muitos filhos, eram mais maduras que Maria e certamente se sentiam mais capazes para dar conta dessa missão. A vinda do Messias era uma promessa profética de Deus conhecida e aguardada pelo povo judeu desde setecentos anos antes do nascimento de Jesus.

O que Deus levou em consideração para escolhê-la não foram os anos de experiência ou a vivência de Maria, mas sim a sua pureza de alma e de coração e, particularmente, a sua conduta e a sua postura, ambas coerentes com a Sua Lei, fatores que levaram o anjo Gabriel a lhe dizer: *"Ave, cheia de graça, o Senhor é contigo" (Lc 1,28).* Compreendeu? A mão de Deus se movimenta não pelo pêndulo do relógio ou pelo ponteiro dos segundos, mas sim pelas virtudes e práticas humanas! Por isso Deus falou assim ao povo judeu (e hoje continua a falar a cada um de nós) pela boca do profeta Ezequiel:

> *"Dize-lhes isto: Por minha vida – oráculo do Senhor Javé –, não me comprazo com a morte do pecador, mas antes com a sua conversão, de modo que tenha a vida.*

Convertei-vos! Afastai-vos do mau caminho que seguis; por que haveis de perecer, ó casa de Israel?

Filho do homem, dize a teus compatriotas: no dia em que o justo vier a pecar, a sua justiça não o salvará; do mesmo modo, a malícia do pecador não há de fazê-lo sucumbir, se ele, um dia, renunciar à sua perversidade. Não, o justo, desde que haja cometido delito, não poderá viver em virtude de sua justiça. Ainda mesmo que eu lhe tenha declarado que ele viveria, se ele praticar o mal confiando em sua justiça, nem uma de suas boas ações será computada: ele morrerá por causa de suas faltas.

E ainda mesmo que houvesse eu afirmado ao pecador que ele haveria de morrer, se, renunciando ao mal, ele praticar a justiça e a honestidade, se ele devolver o penhor que exigiu, se restituir o que roubou, se observar as leis que dão vida e se se abstiver de todo o mal, ele viverá e será preservado da morte.

Nenhum delito que tenha ele cometido será computado. Ele viverá porque terá observado a justiça e a honestidade. Teus compatriotas dizem que o proceder do Senhor não é justo. É o deles que não o é. Se um justo abandonar sua retidão para cometer o mal, ele morrerá. Se o mau renunciar à sua malícia para praticar o bem e ser honesto, ele viverá por essa razão. E vós ousais dizer que o modo de proceder do Senhor é injusto! Será segundo os atos de cada um que Eu vos julgarei!" (Ez 33,11-20).

A Justiça divina se manifestará segundo os atos de cada um de nós, e não segundo a nossa idade! Entendendo a justiça de Deus a partir das Sagradas Escrituras, iremos compreendendo como devemos aguardar Dele aquilo que

Lhe pedimos em oração. Por esta frase pronunciada por Deus, pelos lábios do profeta: *Se o mau renunciar à sua malícia para praticar o bem e ser honesto, ele viverá por essa razão,* poderemos entender que Ele considera o nosso comportamento, os nossos arrependimentos, enfim, a nossa conversão sincera em nossas preces, súplicas e orações.

A lógica de Deus consiste na Sua infinita e incomensurável Misericórdia, muitas vezes não compreendida por nós.

Foi por esse critério divino que Jesus garantiu o acesso imediato ao céu a um dos malfeitores crucificados ao Seu lado no alto do Calvário (a quem a tradição identifica como Dimas), o qual, antes de morrer, chama a atenção do crucificado que estava do outro lado da cruz de Jesus blasfemando e ofendendo-O.

Dimas, admitindo a sua culpa e os seus erros, se mostra arrependido a Jesus, como relata o Evangelho de Lucas:

> *"Um dos malfeitores, ali crucificados, blasfemava contra Ele (Jesus): Se és o Cristo, salva-te a ti mesmo e salva-nos a nós! Mas o outro crucificado (Dimas) o repreendeu: Nem sequer temes a Deus, tu que sofres no mesmo suplício? Para nós isto é justo: recebemos o que mereceram os nossos crimes, mas este não fez mal algum. E acrescentou: Jesus, lembra-te de mim, quando tiveres entrado no teu Reino! Jesus respondeu-lhe: Em verdade te digo: hoje estarás comigo no paraíso" (Lc 23,39-43).*

Outro exemplo bíblico no qual poderemos comprovar que Deus não leva em conta a idade, muito menos a força ou o porte físico, para escolher os Seus eleitos, é o de Davi, um dos mais jovens reis de Israel. Deus orienta o Seu profeta Samuel a ir até a casa de Jessé, homem justo que vivia em Belém e tinha oito filhos homens.

Um deles, o que Deus lhe mostraria, deveria ser ungido com óleo pelo profeta para tornar-se o novo rei de Israel. Samuel, seguindo a ordem divina, parte para Belém, à casa que o Senhor lhe indicara. Lá chegando, narra a Bíblia:

> *"Jessé mandou vir assim os seus sete filhos diante do profeta, que lhe disse: O Senhor não escolheu nenhum deles. E ajuntou: Estão aqui todos os teus filhos? Resta ainda o mais novo, confessou Jessé, que está pastoreando as ovelhas. Samuel ordenou a Jessé: Manda buscá-lo, pois não nos poremos à mesa antes que ele esteja aqui. E Jessé mandou buscá-lo. Ele era louro, de belos olhos e mui formosa aparência. O Senhor disse: Vamos, unge-o: é ele. Samuel tomou o corno de óleo e ungiu-o no meio dos seus irmãos. E, a partir daquele momento, o Espírito do Senhor apoderou-se de Davi" (I Sm 16,10-13).*

Os sete irmãos mais velhos de Davi eram guerreiros, fortes e experientes, porém Deus escolhe para ser o rei de Israel um jovem franzino, pastor de ovelhas, tocador de harpa e cuja habilidade maior era atirar pedras com a sua atiradeira (estilingue ou bodoque). E foi com essa "arma" que Davi venceu o gigante filisteu Golias, um guerreiro forte e invencível. Davi, sem espada, o derruba acertando uma pedra bem no meio de sua testa, desmaiando-o; depois, com a própria espada do gigante filisteu, degola-o, para pavor dos outros soldados, que imediatamente fogem. Davi tornou-se um dos reis mais valentes e mais corajosos de Israel e ampliou muito o reino de Israel e as suas riquezas, conquistando terras.

Diante disso, não devemos colocar prazos para Deus em nossas orações ou mesmo para as nossas necessidades, pois Ele, mais do que nós, sabe da urgência de tudo. A nossa postura deve ser a de fé e de paciência, suportando as "demoras de Deus", pois, mesmo não as compreendendo, elas têm sentido, uma vez que Deus é mais sábio do que qualquer um de nós, simples criaturas humanas. Tenhamos certeza de que a Seu tempo Deus nos atenderá sempre.

Outro exemplo bíblico é o do povo judeu quando foi escravizado pelo faraó no Egito por quatrocentos anos. Deus, para libertá-los, preparou Moisés desde o ventre de sua mãe, uma judia que arquitetou para que o seu bebê – que poderia ser sacrificado (por ordem do faraó, o qual ordenou aos seus soldados que sacrificassem todos os recém-nascidos judeus, a fim de que o número de hebreus escravizados não crescesse muito no Egito) – fosse adotado pela princesa filha do Faraó e entre os egípcios crescesse e fosse educado.

Somente depois que Moisés, já adulto, fugiu do Egito para Madiã, lá se casou e se estabeleceu fixando morada, é que Deus se valeu dele para libertar o povo hebreu da escravidão no Egito, que já durava quatrocentos anos. Foi então, na velhice, que Deus o chamou e lhe deu poderes para ir libertar o povo judeu das garras do faraó. E nós conhecemos os prodígios que Moisés precisou realizar para conseguir libertar o seu povo, inclusive abrir o mar para que centenas de milhares de judeus libertos o atravessassem a pé enxuto.

Enquanto o povo escravizado orava e amargurava o "silêncio de Deus", durante muitos anos, Ele já estava preparando a solução: Moisés, que levou todos esses anos para estar totalmente preparado para combater o faraó com os poderes que Deus lhe dera. Muitas vezes enquanto pedimos e aguardamos, impacientemente, uma solução, Deus já está preparando-a para nós, sem o nosso conhecimento. Isso acontece e nós nem temos ciência disso...

Ensina-nos o Salmo 33: *"Os olhos do Senhor estão voltados para os justos e seus ouvidos atentos aos seus clamores" (Sl 33,16)*. Os ouvidos do Senhor estão sempre atentos a ouvir as nossas preces e orações. Ouvidos atentos e coração aberto para que a Ele nos dirijamos, sem medo e sem formalismos.

Deus é mais simples do que possamos imaginar, ou, diria, totalmente diferente da "imagem" que nos construíram sobre Ele em nossa infância ou adolescência, ou seja, um Deus temível, rancoroso, impiedoso e cruel.

Deus não é assim. Nós falamos e Ele sempre nos ouve. Nós O questionamos e Ele também ouve os nossos questionamentos ou os nossos porquês, assim por diante. O que precisamos, pelo exercício da oração, é aprendermos a "ouvir" as respostas de Deus, ou esperarmos pacientemente, pois quando Se silencia é sinal de que Ele está agindo silenciosamente e nós simplesmente devemos aprender a esperar que, a Seu tempo, Ele nos responderá.

Exercício | Vamos, agora, fazer um exercício que, atualmente, nos é muito difícil: silenciarmos interiormente.

Vamos procurar o local silencioso mais próximo e, imerso nesse silêncio, acalmar a mente, organizar os pensamentos de forma que possamos (ou tentamos) nos concentrar somente em Deus. Vamos retirar de nossos pensamentos qualquer outra preocupação ou tensão que esteja incomodando a nossa mente, acalmarmo-nos, relaxar, fechar nossos olhos para não nos distrair com alguma coisa visível, e tentar perceber, por exemplo, os nossos batimentos cardíacos.

Ao conseguir isso, entraremos num estado de silêncio. Permanecendo nesse estado silencioso, iremos permitir que Deus se manifeste de alguma forma. Com o tempo nada nos impedirá de desenvolver esse dom do silêncio absoluto, em que Deus possa então a nós Se manifestar.

Se assim o fizermos, inúmeras vezes, sem desanimar, logo estaremos percebendo os sinais de Deus, mesmo se no mais absoluto silêncio de nosso coração e de nossa alma. Deus sempre quer nos falar, nós, que ainda não aprendemos a ouvi-Lo.

CAPÍTULO 4

SE DEUS ME OUVE, POR QUE ENTÃO EU PRECISO LHE PEDIR MUITAS VEZES?

Outra dúvida dos fiéis sobre a oração é esta: "Ora, se Deus me ouve sempre, por que eu precisaria rezar mais de uma vez, Lhe pedindo alguma graça? Não bastaria eu rezar uma só vez?". Vou deixar que Jesus mesmo nos tire essa dúvida, com a mesma resposta que Ele deu aos Seus discípulos, sobre a importância de perseverarmos em nossas orações:

> *"Propôs-lhes Jesus uma parábola para mostrar que é necessário orar sempre, sem jamais deixar de fazê-lo. Havia em certa cidade um juiz que não temia a Deus, nem respeitava pessoa alguma. Na mesma cidade vivia também uma viúva que vinha com frequência à sua presença para dizer-lhe: Faze-me justiça contra o meu adversário. Ele, porém, por muito tempo não o quis.*
>
> *Por fim, refletiu consigo: Eu não temo a Deus nem respeito os homens; todavia, porque esta viúva me importuna, far-lhe-ei justiça, senão ela não cessará de me molestar. Prosseguiu o Senhor: Ouvis o que diz este juiz injusto? Por acaso não fará Deus justiça aos seus escolhidos, que estão clamando por ele dia e noite? Porventura*

tardará em socorrê-los? Digo-vos que em breve lhes fará justiça. Mas, quando vier o Filho do Homem, acaso achará fé sobre a terra?" (Lc 18,1-6).

Além disso, as nossas orações estimulam e fazem crescer a nossa fé em Deus e na Sua justiça, mesmo que ainda vejamos tantas injustiças sendo cometidas pelo mundo, aparentemente sem soluções. Essas injustiças não acontecem pela permissividade de Deus, mas sim pelo mau uso da liberdade que Ele concedeu a todos nós, criaturas humanas. Liberdade que Ele nos legou e nela não interfere.

Aproveitamos para já esclarecer os significados de justo e justiça no conceito da Lei de Deus. Justiça é o direito dos justos e justo é aquele que "ajusta" a sua vida dentro dos preceitos da Lei de Deus! Simples, não é? Muitas vezes ouvimos longas explicações teológicas sobre esses conceitos, que, na verdade, são tão claros e tão simples para quem lê, conhece e segue a Palavra de Deus!

Outro detalhe muito importante: nós não devemos ver a Lei de Deus como um enorme ônus sobre a nossa vida, nem como uma limitação das coisas boas, prazerosas e gostosas que nos podem deixar felizes. Deus nos deu a Sua Lei para nos protegermos de nós mesmos! Deus nos legou a liberdade e, ao mesmo tempo, por Sua Lei, os parâmetros para que não a ultrapassemos causando transtornos a nós e a quem nos rodeia ou convive conosco. Ela é nossa proteção!

É possível pensar a esta altura: *Como assim? Nos protegermos de nós mesmos? Por acaso nós somos um perigo para nós mesmos, individualmente?* Diria que sim, sabe por quê? Por causa da liberdade infinita e absoluta que Deus concedeu a toda criatura humana, o que nós chamamos de livre-arbítrio, ou seja, nós somos os árbitros (ou juízes) de nós mesmos, de nossas escolhas, de nossas opções e de todas as nossas ações. Deus nos fez interiormente livres, ao nos conceder a razão e com ela a possibilidade da escolha, da decisão!

Porém, ao mesmo tempo que somos livres para escolher, decidir ou agir como bem entendermos, somos concomitantemente responsáveis pelas consequências e efeitos de nossas escolhas, decisões, atos, comportamentos e demais atitudes, contra nós e contra os outros que conosco convivem.

Por exemplo: se alguém, livremente, encontrar prazer em consumir bebidas alcoólicas, sem critérios e sem limites, ela, depois de um tempo, poderá se tornar dependente do álcool. Esse vício, por sua vez, trará grandes danos à sua saúde, com risco de morte precoce, e, certamente, a destruição ou provocarão a falência de sua vida familiar e social. Vemos isso acontecer a todo instante, muitas vezes, ao nosso lado, em nossas famílias e entre os nossos amigos. Um desmoronamento familiar por causa do vício de bebidas alcoólicas, com graves consequências a todos os familiares.

Ah, diriam alguns: "Foi castigo de Deus!". Não, diríamos eu, foi consequência do mau uso de sua liberdade, e Deus, coerentemente, não interfere na total liberdade que Ele mesmo concedeu à criatura humana. Muitas coisas ruins que nos acontecem no decurso de nossa vida, equivocadamente, são atribuídas a castigos que Deus nos impinge, por nossos atos contrários à Sua Vontade ou à Sua Lei. Entretanto, isso não é verdade, pois, na realidade, Deus, que é Amor e não castiga ninguém, somente perdoa a todos com Sua infinita Misericórdia, quando, em contrapartida, encontra arrependimentos sinceros.

É preciso que entendamos perfeitamente isso para compreendermos o que é correto e assim crescermos em nossa vida espiritual, por meio da oração. Há um trecho bíblico que nos esclarece muito objetivamente isso e se encontra no livro do Eclesiástico, assim muito bem explicado:

> *"No princípio Deus criou o homem, e o entregou ao seu próprio juízo; deu-lhe ainda os mandamentos e os preceitos. Se quiseres guardar os mandamentos, e praticar sempre fielmente o que é agradável (a Deus), eles te guardarão. Ele pôs diante de ti a água e o fogo: estende a mão para aquilo que desejares. A vida e a morte, o bem e o mal estão diante do homem; o que ele escolher, isso lhe será dado" (Eclo 15,14-18).*

Observem que quando o texto relata que Deus criou o homem *e o entregou ao seu próprio juízo,* ele se refere ao livre-arbítrio humano em decidir os seus rumos, as suas opções, enfim, a sua vida. Logo abaixo, o mesmo texto reforça e exemplifica isso com situações extremas e antagônicas como: água e fogo, bem e mal e vida e morte, concluindo com a frase: *o que ele (homem ou mulher) escolher, isso lhe será dado.*

Logo, fogo, mal ou morte (para a eternidade) são opções e decisões ou escolhas humanas, e não castigos divinos. Isso precisa estar bem claro em nossa mente ao formularmos as nossas orações a Deus.

Por essa razão, é preciso que oremos continuamente e que, seguindo o que sugere o texto do Eclesiástico que transcrevi acima (ou seja: observarmos os mandamentos e os preceitos divinos), possamos nos manter afastados do fogo, do mal e da morte eterna.

E as nossas orações necessitam ainda ser acompanhadas de ações objetivas e específicas, como explica adiante o mesmo livro do Eclesiástico:

"Converte-te ao Senhor, abandona os teus pecados. Ora diante dele e diminui as ocasiões de pecado. Volta para o Senhor, afasta-te de tua injustiça, e detesta o que causa horror a Deus. Conhece a justiça e os juízos de Deus; permanece firme no estado em que ele te colocou, e na oração constante ao Altíssimo. Anda na companhia do povo santo, com os que vivem e proclamam a glória de Deus" (Eclo 17,21-26).

Diante disso, podemos compreender que a Lei e os preceitos divinos não são um ônus para as nossa vida, mas sim, um "bônus" que Deus nos concede, para nos ajudar em nosso discernimento sobre as nossas escolhas e nossas decisões. Discernimento que cresce e se torna cada vez mais eficaz com nossas frequentes e incessantes orações, para as nossas ações.

O dom do discernimento

Procuremos explicar o que é o dom do discernimento, dom que devemos sempre pedir a Deus. Trata-se de um dom que provém do Espírito Santo, quando O invocamos, e que nos ajuda a discernir sobre o que provém de Deus, do mal ou da simples vontade humana.

Por exemplo, se sentimos ódio por uma pessoa acompanhado de um forte desejo de vingança, o discernimento me mostrará que esse sentimento, com certeza, não provém de Deus, mas sim do mal, que é quem propaga o ódio sobre o mundo. Ódio que se contrapõe ao Amor que Deus quer espalhar sobre toda a criação.

Se nos deparamos com uma pessoa desconhecida, estranha e, às vezes, até suspeita, numa situação deplorável e, independentemente do que percebemos, sentimos fortemente em nosso coração que precisamos ajudá-la, o discernimento nos apontará que essa inspiração provém de Deus, que é misericordioso, não importando quem seja a pessoa.

Já se o despertador, ou atualmente o celular, nos acorda para o trabalho, e nós, cansados, decidirmos que não iremos trabalhar naquele dia, isso, naturalmente, provém de nossa livre e soberana vontade humana.

Assim, uma das coisas que sempre devemos pedir em nossas orações é o dom do discernimento, pois com ele poderemos discernir o bem do mal e, ao mesmo tempo, aquilo que provém de nossa soberana vontade humana.

Pelo discernimento correto, as nossas orações se tornam mais eficazes e mais objetivas junto a Deus. Saberemos pedir boas coisas ao invés de coisas más, que não serão ouvidas por Deus. Quanto a isso Tiago, em sua brilhante e concisa carta, que é praticamente uma síntese dos Evangelhos, assim adverte aos orantes pedintes:

> *"Donde vêm as lutas e as contendas entre vós? Não vêm elas de vossas paixões, que combatem em vossos membros? Cobiçais, e não recebeis; sois invejosos e ciumentos, e não conseguis o que desejais; litigais e fazeis guerra. Não obtendes, porque não pedis. Pedis e não recebeis, porque pedis mal, com o fim de satisfazerdes as vossas paixões" (Tg 4,1-3).*

Pedir mal é um dos graves erros de nossas orações, quando recorremos a Deus, rogando a Ele que nos atenda em pedidos que, certamente, Ele não ouvirá. Um exemplo comum sobre pais e mães, já de caminhada na Igreja, é dizer-lhes: "Quais casais aqui têm filhos adolescentes?". Muitos levantam as mãos. Então é possível perguntar-lhes: "Caso o seu filho lhes peça de presente uma moto bem possante, daquelas importadas, para que ele possa curtir com os amigos, ou com a namorada, andando em alta velocidade pelas pistas, pois isso lhe trará prazer, emoções com muita adrenalina e alegria, vocês atenderiam a esse pedido?". Naturalmente, todos dizem que não! E prosseguir com outro questionamento: "Mas por que vocês negarão isso aos seus filhos, se isso os deixaria muito felizes?".

Então, argumentam que eles não lhes dariam a moto porque seria muito perigoso, alguns dizem que eles, seus filhos, não têm ainda habilitação por causa da idade, outros afirmam que isso seria algo como colocar uma "arma" perigosa na mão dos filhos, arma que até poderia lhes causar a própria morte e a de outras pessoas etc.

É possível insistir: *"Este não a eles dado, por acaso,* não deixaria os seus filhos tristes, decepcionados *ou até mesmo revoltados com vocês, pais e mães?".* Concordam que sim, no entanto continuam firmes e conscientes de que não deverão atender a esse pedido de seus filhos, mesmo que essa decisão firme os entristeça ou até mesmo os revolte.

A melhor conclusão seria: "E nós, quantas vezes já não pedimos a Deus algo semelhante a isso, ou seja, alguma coisa que nos daria prazer, alegria, mas que Deus, por Sua infinita Sabedoria, sabe que se nos atender pode ser que isso seja ruim para nós?". Há muita coisa que nós pedimos a Deus e não somos atendidos, porque Ele sabe que isso não nos será bom ou não nos fará bem, como uma moto possante nas mãos de um adolescente sem habilitação...

Quantas e quantas pessoas não pedem a Deus, por exemplo, para ganhar na loteria, saldar suas dívidas pendentes e gozar a fortuna pelo resto da vida?

Porém, Deus não as atende, porque espera que esses filhos ou filhas aprendam a não contrair dívidas acima de suas posses e que não consigam quitar, a controlar melhor os seus gastos e que trabalhem honestamente ganhando os seus justos salários, ajustando o padrão de suas vidas a eles, de forma que não precisem fazer empréstimos, pagando altos juros a bancos ou, pior ainda, a agiotas.

Assim poderíamos citar tantos outros exemplos de pedidos que fazemos a Deus, mas Ele, por nos amar muito (mais do que vocês amam aos seus filhos), não nos atende por conhecer as consequências, mesmo que isso, na atual conjuntura, nos deixe tristes, decepcionados e até mesmo revoltados, como um adolescente que não tem os seus caprichos atendidos.

Deus vê o futuro, e por isso, muitas vezes, não nos atende, enquanto nós só conseguimos ver o presente, o imediato, o agora. Nós, criaturas humanas, somos imediatistas, mas Deus, felizmente, é a própria Paciência!

Paciência que devemos cultivar gradativamente em nossa vida, pelo exercício contínuo da oração. Assim, não nos importemos quantas vezes devemos pedir graças e bênçãos a Deus, contínua e incessantemente, ao mesmo tempo que iremos – procurando seguir os Seus preceitos – crescer cada vez mais na Sua justiça. Assim, sigamos mais este conselho da Palavra de Deus:

> *"Nada te impeça de orar sempre, e não te envergonhes de progredir na justiça até a morte; pois a recompensa de Deus é eterna. Antes da oração, prepara a tua alma, e não sejas como um homem que tenta a Deus" (Eclo 18,22-23).*

Exercício | Vamos, agora, fazer um exercício que, atualmente, nos é muito difícil: silenciarmos interiormente.

Deus, caríssimos, sempre acerta, nunca falha ou erra, e, acima de tudo, é um Deus apaixonado por todas as criaturas, Seus filhos e filhas. Não há Nele intenção nenhuma de negar qualquer coisa que seja a um de nós, porque Ele nos ama infinitamente. Se Ele não nos atendeu, foi porque havia algum motivo forte para isso, creiamos, irmãos.

Procuremos também, nesse momento de oração e de discernimento, lembrar-nos de tantos e tantos pedidos feitos a Ele que foram atendidos! Se colocarmos as "negativas" de Deus num prato de uma balança e em outro os pedidos por Ele concretizados, veremos que Deus nos dá mais do que pensamos e Lhe pedimos. Nossa memória é que é fraca, esquecendo-se das muitas graças já alcançadas e fixada naquelas em que Ele não nos atendeu. Feito isso, concluamos nossa reflexão com uma oração de gratidão a esse Pai amoroso, que só nos deseja o bem.

CAPÍTULO 5

A EFICÁCIA DA ORAÇÃO, COMO ALCANÇÁ-LA?

Há uma passagem no Evangelho de Mateus em que Jesus assim nos ensina:

> *"Pedi e se vos dará. Buscai e achareis. Batei e vos será aberto. Porque todo aquele que pede, recebe. Quem busca, acha. A quem bate, abrir-se-á.*
>
> *Quem dentre vós dará uma pedra a seu filho, se este lhe pedir pão? E, se lhe pedir um peixe, dar-lhe-á uma serpente? Se vós, pois, que sois maus, sabeis dar boas coisas a vossos filhos, quanto mais vosso Pai celeste dará boas coisas aos que lhe pedirem" (Mt 7,7-11).*

Ao lermos esse texto, particularmente estas três expressões: *Pedi e se vos dará. Buscai e achareis. Batei e vos será aberto,* despretensiosamente, a princípio, podemos pensar que se trata de um esforço de palavras e frases de Jesus para dizer a mesma coisa, ou seja, que devemos pedir insistentemente alcançaremos o que pedimos.

Aliás, isso é uma prática no judaísmo: reforçar o pensamento ou a força das palavras, repetindo-as várias vezes em diferentes expressões, mas com o mesmo sentido. Podemos observar isso claramente nos Salmos, em que quase sempre a segunda expressão reforça a anterior. Por exemplo: *"Bendirei continuamente ao Senhor, seu louvor não deixará os meus lábios" (Sl 33,1)*. Percebam que ambas as frases querem expressar o mesmo: bendizer ao Senhor, porém expressas com palavras diferentes.

Outro exemplo dos Salmos: *"Nós vos louvamos, Senhor, nós vos louvamos, glorificamos vosso nome e anunciamos vossas maravilhas!" (Sl 74,2)*. E assim encontraremos vários "ecos" da palavra no livro dos Salmos e em outros livros das Sagradas Escrituras.

Porém, no exemplo que transcrevemos anteriormente: *Pedi e se vos dará. Buscai e achareis. Batei e vos será aberto,* na verdade, temos três situações distintas sobre a oração e referentes ao atendimento de nossos pedidos, que serão explicadas uma a uma.

Pedi e se vos dará!

Comecemos pela primeira delas: *Pedi e se vos dará*. Com essa frase, Jesus quer nos dizer que há pedidos que faremos a Deus Pai e Ele nos atenderá, depois que tivermos esgotado todos os nossos recursos para vê-los atendidos.

Vamos mostrar-lhes isso com um exemplo fictício. Imagine-se em sua casa, já são 22 horas, e você confortavelmente está lendo um livro e se preparando para se deitar. De repente toca a campainha e você, um pouco vacilante, vai até porta para ver quem seria àquela hora da noite. Depara-se com um mendigo, maltrapilho, fraco, que, quase sem voz, sussurra: "Pelo amor de Deus, me dê qualquer coisa para eu matar a minha fome... Estou desde cedo batendo de porta em porta nesta cidade, pedindo um pouco de comida, pois estou há dias sem comer, mas ninguém meu deu nem um pedaço de pão para saciar a minha fome".

Chorando, e com voz ainda mais fraca, ele conclui: "Esta é a última casa onde eu vou pedir, pois não tenho mais forças para chegar ao portão vizinho. Se não me der qualquer coisa para eu comer, desmaiarei aqui mesmo à sua porta". Em seguida o mendigo fecha os olhos. Você percebe naturalmente o estado deplorável daquela criatura humana e sente que ele está lhe falando a verdade. Perguntamos a você: Qual será a sua reação? Fechar a porta e ir se deitar, sem se incomodar com aquele mendigo, ou, imediatamente, buscar algo para ele comer?

Temos certeza absoluta de que sua reação será a segun da opção e você dará algum alimento àquele pobre coitado que bateu à sua porta com a última esperança de saciar sua imensa fome. Estou certo ou não? Até mesmo por uma questão de humanidade, dificilmente alguém deixará de atender a esse pedido.

Ora, se nós, criaturas humanas, agimos assim misericordiosamente, imagine então Deus. Depois que exaurimos todas as possibilidades de resolver o problema que estamos enfrentando e nada conseguimos, ao batermos à Sua porta como a nossa última instância. Ele certamente nos atenderá. Porém, um pequeno número de nossos pedidos se enquadra nessa petição final, após os quais todos os esforços empreendidos para uma solução foram em vão. A maioria dos pedidos e súplicas que fazemos a Deus estará enquadrada nas opções seguintes, as quais Jesus nos apresentou neste texto bíblico: *Buscai e achareis. Batei e vos será aberto.*

Buscai e achareis!

Buscai e achareis! O que será que Jesus quis nos ensinar ao nos dizer isso? Conhecemos a parábola da dona de casa que perde uma dracma (moeda equivalente ao salário de um dia de trabalho) em sua própria casa? Jesus nessa parábola assim nos fala:

> *"Qual é a mulher que, tendo dez dracmas e perdendo uma delas, não acende a lâmpada, varre a casa e a busca diligentemente, até encontrá-la? E tendo-a encontrado, reúne as amigas e vizinhas, dizendo: Regozijai-vos comigo, achei a dracma que tinha perdido" (Lc 15,8-9).*

Foi exatamente isso que Jesus quis nos ensinar ao nos dizer: *Buscai e achareis.* Ele reforça essa mesma intenção com a parábola da ovelha perdida que assim nos ensina: *"Quem de vós que, tendo cem ovelhas e perdendo uma delas, não deixa as noventa e nove no deserto e vai em busca da que se perdeu, até encontrá-la? E depois de encontrá-la, a põe nos ombros, cheio de júbilo, e, voltando para casa, reúne os amigos e vizinhos, dizendo-lhes: Regozijai-vos comigo, achei a minha ovelha que se havia perdido" (Lc 15,4-6).*

Diante desses dois exemplos, o que será que Jesus quis nos ensinar sobre as respostas de nossas orações? Ora, nos dois casos acima citados, Deus já havia dado, tanto à dona de casa como ao pastor, os dons e os talentos para que eles mesmos solucionassem os seus problemas cotidianos. É disso que nós precisamos nos lembrar sempre ao fazermos os nossos pedidos ao Pai. Deus nos capacitou ao nascermos com diversos talentos e dons que desenvolvemos no decorrer de nossa vida, gerando habilidades diversificadas, cada qual em sua área de atividades.

Ninguém melhor do que aquela dona de casa para conhecer detalhadamente os cantos e esconderijos de sua casa, onde poderia estar aquela dracma perdida. Devemos lembrar que naquele tempo as casas eram de chão (terra) batido, onde se jogava palha por cima para conter a umidade do solo. Assim, ela, apesar de conhecer bem os cantos dos cômodos, precisou revirar aquela palha toda, até encontrar a sua moeda perdida.

Logo, além de sua experiência como dona de casa diligente, ela trabalhou bastante, varrendo todos os cômodos, para alcançar o seu intento. O mesmo ocorreu com o pastor que perdeu uma de suas ovelhas no trajeto de volta ao redil.

Como aquela dona de casa, ele também sabia os caminhos, veredas ou atalhos por onde aquela ovelhinha poderia ter se extraviado. Ele era um pastor experiente, eficiente e muito zeloso com as suas ovelhas. Mas, a exemplo da dona de casa, ele precisou refazer cuidadosamente o trajeto até encontrar a ovelha perdida. Valeu-se de sua experiência e, ao mesmo tempo, trabalhou duramente até encontrá-la. Em ambas as situações não houve a intervenção de Deus, pois Deus já lhes havia dado os dons de que precisavam para solucionar os problemas que surgiram. Na realidade, ambos tiveram determinação para alcançarem êxito em suas missões!

Buscai e achareis uma solução para o seu problema que você está apresentando constantemente a Deus, mas que, na verdade, depende exclusivamente de você para solucionar. Quantas vezes já pedimos a Deus o que a nós compete? Pare para pensar e você descobrirá inúmeros pedidos. Exercite aqui o dom do discernimento.

Alguns exemplos: Se um jovem quer passar nos exames para cursar uma boa faculdade federal ou estadual, ele precisa estudar e muito, pois terá outros candidatos, como ele, disputando a mesma vaga. De nada adianta rezar, fazer promessas e pedir uma vaga a Deus, se esse jovem não se empenhar estudando muito, abrindo mão de muitas baladas ou de outras atividades de lazer. Deus já deu a ele a inteligência e ele teve a oportunidade de aprender nas etapas diversas do ensino desde a sua alfabetização e por outras etapas e cursos por onde passou. Agora é focar nas matérias e estudar muito. *Buscai e achareis...*

Outro exemplo: A pessoa precisa de um emprego e faz promessa a Deus para conseguir um, depois fica em casa assistindo à tevê, esperando que alguém bata à sua porta para contratá-la. De nada adianta orar nesse sentido, se ela não procurar, nos classificados, empresas que estejam precisando de funcionários com as suas habilidades ou suas características e a elas se apresentar como um candidato à vaga. Ela precisa também preparar um bom currículo e distribuir para o maior número possível de empresas em sua área de atuação, demonstrando assim a sua proatividade, os seus dons, suas habilidades, especializações e sua experiência (se a tiver). Mais uma vez ouçamos Jesus nos dizer: *Buscai e achareis.*

Assim poderíamos citar aqui inúmeros exemplos de pedidos que em oração fazemos a Deus, porém que não dependem da intervenção divina e sim, de nossa determinação em alcançá-los com os dons e talentos que já temos, pois de Deus os recebemos desde o nosso nascimento. Eu poderia projetar aqui que 70% de nossos pedidos feitos a Deus Pai se enquadram neste quesito: Buscai e achareis. Se, por acaso, estamos em "pé de guerra" com alguém, tomemos a iniciativa, busquemos a paz e acharemos. Há tantas situações nas quais nos envolvemos que não dependem da interferência divina, mas sim de nossas decisões e ações determinadas!

Logo, antes de orar pedindo algo a Deus, precisamos refletir individualmente: *Isso depende da intervenção de Deus ou de minhas iniciativas? Será que eu mesmo não posso resolver isso com os dons e talentos que Ele já me presenteou?* Podemos até pedir a Deus que nos dê ânimo, coragem, perseverança, otimismo, entusiasmo, paciência, determinação e demais virtudes para conseguir alcançar nosso objetivo, porém nunca nos esqueçamos de que Deus já nos capacitou para isso, bastando apenas o nosso esforço e a nossa persistência! Experimente e você verá as coisas acontecerem "milagrosamente" em sua vida!

Batei e vos será aberto!

Aqui o leigo e missionário Kater Filho dá seu testemunho de como iniciou as atividades do Marketing Católico no Brasil. Uma história que se encaixa perfeitamente nessa situação apresentada por Jesus: *Batei e vos será aberto*. Conta-nos ele que, a convite do reitor da Universidade de Taubaté, passou a ministrar aulas no curso de comunicação na área de propaganda, por ter notório saber nessa atividade na região do Vale do Paraíba. Porém, passado um tempo, ele fez os cursos necessários complementares para se tornar um docente. Tudo estava certo até que uma lei passou a obrigar os professores universitários a fazerem o mestrado na área em que ministravam aulas.

Na época, havia três universidades que ofereciam vagas abertas para o curso de mestrado em comunicações: uma em Belo Horizonte (que ficava longe de sua cidade: Taubaté, no Vale do Paraíba, São Paulo); outra em São Paulo, a qual ele não gostaria de frequentar; e, finalmente, a Universidade de São Paulo (USP), a mais conceituada da América Latina e a mais difícil de se conseguir uma vaga para o mestrado. Ele então, por exclusão das outras, decidiu tentar uma vaga no curso de mestrado da Escola de Comunicação e Artes (ECA) da USP, mesmo ciente das dificuldades de ali se conseguir uma vaga.

Os candidatos deveriam passar por três etapas: uma prova de conhecimentos teóricos na área, uma seleção de currículos (para ver os mais adequados ou mais experientes) e, por fim, uma entrevista com os orientadores da ECA para avaliarem o interesse e as habilidades de cada candidato numa "prova" oral sobre um tema escolhido na hora pelo entrevistador. A prova de conhecimentos teóricos era eliminatória e, dela, somente os candidatos que atingissem uma pontuação estipulada estariam classificados para as duas únicas vagas existentes naquele ano. Cerca de sessenta pessoas se candidataram para aquelas duas vagas.

Mesmo já casado, com cinco filhos, trabalhando em Campinas e sendo sócio de uma agência de propaganda em Taubaté, nas madrugadas e horas vagas, Kater estudou muito e leu toda a matéria teórica da prova escrita, com esforço e atenção. Passou na primeira fase, em que 50% dos candidatos não alcançaram a pontuação necessária, sobrando então trinta candidatos para as duas vagas. Foi então que ele, e os outros, apresentaram os seus currículos para serem analisados por uma equipe de mestres e doutores da USP.

Disse-nos ele que não se preocupou muito com essa fase, porque já naquela época (década de 1990) tinha um currículo bastante diversificado na área de comunicações e, com isso, teria boas chances de estar entre os dez classificados para a fase final da entrevista oral com os orientadores da ECA-USP.

O seu currículo ficou entre os dez selecionados para a entrevista, na qual então deveriam apresentar uma síntese da tese que pretendiam defender (que no decorrer do curso, se classificados, eles poderiam mudar) e ainda discorrer sobre um tema genérico escolhido na hora pelo entrevistador. Ele preparou um projeto sobre a atividade do merchandising na televisão, como forma de divulgação eficaz de produtos e serviços, algo que já era praticado no Brasil pelas emissoras, mas sobre o qual ainda não havia nada teórico. Chegou então o dia da entrevista.

Ao chegar à sala com os candidatos concorrentes, percebeu que todos, exceto ele, traziam consigo uma "carta de recomendação" de algum reitor, deputado, secretário de estado (pois os candidatos vinham de diversos estados do Brasil e eram professores de universidades estaduais e federais), outras autoridades etc. Ele, Kater Filho, não havia trazido nenhuma carta de recomendação...

Como católico, fiel e praticante, apenas orou a Deus. Na hora das entrevistas, pela falta de alguns orientadores, a banca examinadora decidiu que os candidatos deveriam tirar de uma caixa o nome de um dos entrevistadores, em forma de sorteio. Ele, então, na sua vez, colocou a mão na caixa e tirou o nome do livre-docente professor Francisco Assis Fernandes, que era um ex-padre. O Kater, na época, estava cursando Teologia para Leigos com os padres Dehonianos e estava muito "afiado" no assunto. Essa informação constava de seu currículo. O orientador, ao ver que ele estava estudando Teologia, sendo um ex-padre, convidou-o então a falar de Deus, da evangelização nos meios de comunicação e demais assuntos pertinentes à teologia e à comunicação.

Impressionado com a sua experiência e a sua versatilidade nos temas abordados, o professor Assis concedeu a ele uma das duas vagas, e o Kater, no decorrer do seu mestrado, mudou o foco para o "Marketing aplicado à Igreja Católica", matéria que tem ajudado a nossa Igreja a melhor se comunicar com os seus fiéis e a se utilizar convenientemente dos meios de comunicação social e, atualmente, das redes sociais. Ele mesmo nos testemunhou que chegou até a porta por meio de seus esforços e seus dons, mas, encontrando-a fechada, bateu e pediu a Deus que a abrisse. Deus a abriu, porque certamente isso era de Sua Vontade.

Batei e vos será aberto é aquela situação na qual nós fazemos a nossa parte para solucionar um problema e, ao depararmos com uma porta fechada, não conseguindo abri-la, pedimos a Deus que a abra para nós. Alguns dos nossos pedidos e preces a Deus se enquadram nesse quesito que Jesus nos propôs. Deus sempre espera que usemos os dons e talentos que Ele mesmo nos concedeu ao sermos concebidos no ventre materno. Muitas e muitas vezes nós não usamos esses dons e os "guardamos" por medo, preguiça, omissão, desconhecimento ou outra causa qualquer, e assim os "enterramos" conosco no dia de nossa morte.

Recordemos a parábola dos Talentos – que Jesus contou aos Seus discípulos e a nós –, que diz assim:

> *"Um homem, tendo de viajar, reuniu seus servos e lhes confiou seus bens. A um deu cinco talentos; a outro, dois; e a outro, um* <u>*segundo a capacidade de cada um*</u>*. Depois partiu. Logo em seguida, o que recebeu cinco talentos negociou com eles; fê-los produzir, e ganhou ou-*

tros cinco. Do mesmo modo, o que recebeu dois, ganhou outros dois. Mas o que recebeu apenas um foi cavar a terra e escondeu o dinheiro de seu senhor.

Muito tempo depois, o senhor daqueles servos voltou e pediu-lhes contas. O que recebeu cinco talentos aproximou-se e apresentou outros cinco: 'Senhor, disse-lhe, confiaste-me cinco talentos; eis aqui outros cinco que ganhei.' Disse-lhe seu senhor: 'Muito bem, servo bom e fiel; já que foste fiel no pouco, eu te confiarei muito. Vem regozijar-te com teu senhor'. O que recebeu dois talentos, adiantou-se também e disse: 'Senhor, confiaste-me dois talentos; eis aqui os dois outros que lucrei'. Disse-lhe seu senhor: 'Muito bem, servo bom e fiel; já que foste fiel no pouco, eu te confiarei muito. Vem regozijar-te com teu senhor'.

Veio, por fim, o que recebeu só um talento: 'Senhor, disse-lhe, sabia que és um homem duro, que colhes onde não semeaste e recolhes onde não espalhaste. Por isso, tive medo e fui esconder teu talento na terra. Eis aqui, toma o que te pertence. Respondeu-lhe seu senhor: 'Servo mau e preguiçoso! Sabias que colho onde não semeei e que recolho onde não espalhei. Devias, pois, levar meu dinheiro ao banco e, à minha volta, eu receberia com os juros o que é meu. Tirai-lhe este talento e dai-o ao que tem dez. Dar-se-á ao que tem e terá em abundância'" (Mt 25,14-29).

Essa parábola narrada por Jesus tem um objetivo pedagógico e quer nos ensinar a importância de usarmos bem os dons e talentos que recebemos de Deus, no caso representado pelo Senhor, que confia os Seus bens a três servos. Perceba que Jesus ressalta no texto que o senhor os dá: *segundo a capacidade de cada um.* Isso significa que cada criatura humana dispõe de um potencial, e que Deus tem ciência absoluta disso, portanto dá a cada um dons e talentos diferentes que precisam ser cultivados para que produzam frutos nessa vida terrena.

Por isso, em nossas orações, devemos estar atentos para não ficarmos pedindo a Deus algo que, com os nossos próprios dons, poderemos alcançar, e somente recorrermos a Ele quando nos depararmos com algum obstáculo intransponível às nossas forças. Nesse caso, bateremos e pediremos, que nos será aberto por Deus o caminho que ainda precisaremos percorrer. Mas chegar até a porta, ou a um limite intransponível, compete a nós e às nossas forças, nossas habilidades e, principalmente, a nossa determinação. Essa é a lógica de nossa vida humana, lutar contra as adversidades até o limite, daí em diante recorrermos a Deus, por meio de nossas orações e súplicas.

Exercício

Novamente, vamos suspender a nossa leitura, por alguns momentos, relaxar e pensar objetivamente nas inúmeras vezes que recorremos a Deus em oração por algum motivo, problema ou aflição maior pelos quais estivéssemos passando. Se possível, vamos anotando-as (para delas não nos esquecermos) uma a uma e, ao mesmo tempo, a partir da leitura deste capítulo, vejamos quais de nossos pedidos dependiam real ou totalmente da intervenção divina.

Com toda sinceridade, analisemos honestamente, no íntimo de nosso coração, cada petição feita a Deus. Perceberemos que a maioria delas poderia ser resolvida por nós mesmos, com os nossos dons, talentos, esforços e com a nossa humildade. A humildade é um dos dons mais importantes em nossa vida, e imprescindível para que possamos ser pessoas de oração. Iremos aprofundar mais a respeito em capítulos à frente, mas, por ora, concentremo-nos em nossos pedidos ainda não atendidos para ver se realmente dependiam de Deus ou de cada de um de nós.

Marque os pedidos lembrados que realmente dependam exclusivamente da ação divina e os retome. Nós não devemos desanimar em nossas orações, pois o desânimo nos revela uma falta de fé. As nossas orações, por situações que estejam fora de nossas forças ou de nosso alcance, devem sempre estar diante de Deus, que, a seu tempo, as atenderá. Uma das causas ocorrentes por não obtermos sucesso em nossas preces é a nossa falta de perseverança, que, em síntese, deixa transparecer nossa pouca fé no poder divino sobre nossa vida.

O profeta Isaías exorta o povo judeu a permanecer em oração constantemente, até livrarem-se de seus inimigos e opressores. Assim o profeta lhes fala (e hoje também fala a nós) em nome de Deus:

> *"Sobre tuas muralhas, Jerusalém, coloquei vigias; nem de dia nem de noite devem calar-se. Vós, que deveis manter desperta a memória do Senhor, não vos concedais descanso algum e não O deixeis em paz" (Is 62,6-7).*

Esses vigias são os anjos celestes que acompanham as criaturas humanas e lhes recordam que devem *manter desperta a memória do Senhor*, com suas preces, súplicas e orações. Ora, é Deus mesmo, nesse texto bíblico do profeta Isaías, quem nos ordena a "incomodá-Lo" com as nossas preces, não Lhe concedendo descanso até que nos atenda! Logo, devemos dobrar os nossos joelhos e orarmos com fé, sempre e sem cessar, em todas as circunstâncias, e Ele, a seu tempo, e nos atenderá! Isso é, como já lhes demonstrei: determinação e perseverança e são, como já vimos, ingredientes imprescindíveis à nossa fé!

CAPÍTULO 6

A ORAÇÃO ME PROTEGE DE TODOS OS MALES?

Esse é outro conceito sobre a oração que é muito propalado, porém mal interpretado. Sim, verdadeiramente, as orações nos protegem dos perigos e males, porém elas, obrigatoriamente, não funcionam como um escudo ou uma redoma inexpugnável que nos deixam totalmente livres e protegidos dos males, perigos e problemas. Devemos compreender que viver é naturalmente um risco, porém, ao mesmo tempo, é algo tão maravilhoso, como um grande milagre, e mesmo correndo riscos, vale a pena vivermos intensamente essa nossa vida terrena.

Se pensarmos na concepção de um feto, veremos que a possibilidade de uma criatura humana nascer é uma em quase 250 mil chances, isso se tomarmos como referência apenas a quantidade de espermatozoides que "disputam" o acesso ao óvulo já maduro (de uma quantidade de 400 mil óvulos existentes no ovário feminino), numa relação conceptiva! Ora, essa é uma probabilidade muito mais difícil do que ganhar sozinho na loto! Você já pensou nisso? Então agora diga assim para si mesmo: "Eu sou uma pessoa felizarda em poder vir à vida, dela desfrutar e aqui deixar a minha marca, a minha posteridade e todo o bem que eu puder fazer. Ora, eu, por nascer, sou realmente um milagre de Deus!".

Sim, o simples fato de alguém nascer é um grande milagre e, ao mesmo tempo, uma oportunidade única que a natureza nos concede. Oportunidade da qual Deus, imediatamente, se vale para nos dar uma alma, que é eterna, pois provém Dele!

Entretanto, viver é naturalmente uma trajetória com muitos riscos naturais e outros tantos riscos provocados pela própria humanidade. Os riscos naturais podem ser, dentre outros, as catástrofes climáticas, as doenças tropicais, as epidemias etc.

Já os riscos provocados pela humanidade são tantos que fica difícil aqui os enumerar, mas certamente são provocados por nossas más ações, que a Igreja denomina de pecados capitais, ou seja, pecados relevantes e perigosos como a gula (ou a ganância em diversos sentidos), a luxúria (toda a libertinagem sexual), a avareza (ou o próprio egoísmo em si, de forma geral), a ira (que incita o desejo mórbido de vinganças ou revides), a soberba (ou orgulho: raiz de tantos outros pecados), a preguiça (que nos deixa indolentes e lascivos) e a perigosa inveja (que mata lentamente os que por ela se deixam envolver). Qualquer um desses graves pecados gera dor, tristeza, desolação e morte.

São eles os responsáveis pela maioria absoluta das desgraças humanas. Desgraça, etimologicamente, significa ausência de graça (Des = ausência de). Nesse caso, ausência da graça divina, que se afasta de nós quando estamos em situações de pecado. Importante é termos ciência de que não é a graça divina que se afasta de nós, mas nós que, em situação de pecado, nos distanciamos de Deus.

Certa vez, eu, Dom Orani, vi um exemplo prático sobre isso, em um retiro para jovens, demonstrado da seguinte forma: o pregador colocou sobre a mesa um copo com óleo até quase a borda e disse aos participantes: "Imagine que o copo seja o nosso coração e o óleo, a graça divina ali contida". Em seguida ele mostrou a todos uma seringa, um conta-gotas e uma vasilha contendo água, deixando-os ao lado do copo com o óleo.

Na sequência ele pegou o conta-gotas e a seringa enchendo-os de água e, dissertando sobre os pecados veniais (pecadinhos do dia a dia) e os pecados capitais, o pregador foi colocando, por meio do conta-gotas e da seringa, água no copo, explicando que os males e os pecados não ocupam o mesmo espaço que a graça divina, pois são imiscíveis. Assim, a água foi ficando no fundo do copo e o óleo subindo e, progressivamente, transbordando, até que no copo ficou somente a água colocada por meio do conta-gotas e da seringa.

Daí ele concluiu que algo semelhante àquele exemplo acontece com a graça de Deus presente em nosso coração, quando, lentamente, permitimos que os pecados veniais ou capitais vão ali penetrando e colocando para fora toda a graça divina, só nos restando os pecados e os males que o maligno influencia em nossa vida. Um exemplo fácil e prático que pode ser aplicado em retiros e palestras.

Esses pecados são identificados como capitais (palavra derivada do latim *capitia*, que significa cabeça), porque deles derivam outros tantos pecados. O pecado capital é como uma raiz daninha que cresce rapidamente, se ramifica e dá "frutos" sem parar. Frutos que, na verdade, são maus frutos, perigosos, danosos e até mesmo mortais. Daí a origem do termo pecado mortal, pois a sua prática leva a criatura à morte espiritual, afastando-a definitivamente de Deus e, consequentemente, da vida eterna a que todos nós temos direito. São Tiago, em sua epístola, cita-os e os especifica em atos concretos, da seguinte forma:

> *"Donde vêm as lutas e as contendas entre vós? Não vêm elas de vossas paixões, que combatem em vossos membros? Cobiçais, e não recebeis; sois invejosos e ciumentos, e não conseguis o que desejais; litigais e fazeis guerra. Não obtendes, porque não pedis. Pedis e não recebeis, porque pedis mal, com o fim de satisfazerdes as vossas paixões. Adúlteros, não sabeis que o amor do mundo é abominado por Deus? Todo aquele que quer ser amigo do mundo, constitui-se inimigo de Deus" (Tg 4,1-4).*

Ora, as lutas, contendas, confrontos, discussões, conflitos e demais embates humanos são inevitáveis no decorrer de nossa vida neste mundo, pois sempre nos depararemos com pessoas que discordarão de nosso modo de agir, de nossas ideias, de nossa fé e mesmo de nossas condutas, sejam elas boas ou ruins.

Uma maneira objetiva de compreendermos isso é sempre olharmos para qualquer pessoa que seja como uma pessoa distinta. *Mas distinta, como assim?* Poderia você estar pensando, se entender o adjetivo distinto como geralmente o entendemos: alguém que se distingue por algo notável ou excepcional em razão de algum dom, talento ou habilidade, ou ainda que se sobressaia dos outros.

Entretanto, distinto, na verdadeira acepção da palavra, significa: Que não se confunde, diverso, diferente.[2] Qualquer criatura no mundo é naturalmente distinta, pois não existe

---

2. *Dicionário Aurélio.*

uma criatura idêntica a outra! Mesmo as pessoas gêmeas univitelinas (que são idênticas em seu fenótipo, ou seja, na aparência), apesar da total semelhança física, são distintas na maneira de pensar, de agir, de reagir, na personalidade etc. Ora, se somos todos distintos uns dos outros, sempre haverá pontos discordantes entre nós. Por isso, Jesus, ao se despedir de Seus discípulos, assim nos alertou: *"No mundo haveis de ter aflições. Coragem! Eu venci o mundo" (Jo 16,33).*

Essas aflições ou tribulações, às quais Jesus faz referências, são decorrências naturais de nossa convivência social ou familiar aqui na terra com pessoas distintas e sempre, de uma maneira ou de outra, com elas nos depararemos. Isso é inevitável. Cada criatura humana é distinta porque é única, tem a sua personalidade, o seu modo de agir e de pensar, suas convicções oriundas da educação que recebeu (ou não), do ambiente cultural onde foi criada, da religião que professa, de seus projetos pessoais, seus sonhos e suas ambições.

Diante disso, é natural o confronto ou a discordância entre as criaturas humanas em seus diversos relacionamentos. Esses confrontos geram sofrimentos, mágoas, dores, conflitos, discordâncias e tantas outras tribulações inevitáveis.

São Paulo, numa de suas epístolas, destinada aos cristãos que viviam na Galácia, define esses pecados que nos afetam como frutos ou obras da carne, ou seja, eles provêm da vontade, dos instintos e dos desejos meramente carnais, e não, obrigatoriamente, de nossos dons espirituais que precisamos desenvolver a partir de nossa liberdade. Na sequência, Paulo bem define e, objetivamente, nos explica isso em sua Carta aos Gálatas:

> *"Vós, irmãos, fostes chamados à liberdade. Não abuseis, porém, da liberdade como pretexto para prazeres*

carnais. Pelo contrário, fazei-vos servos uns dos outros pela caridade, porque toda a lei se encerra num só preceito: Amarás o teu próximo como a ti mesmo (Lv 19,18). Mas, se vos mordeis e vos devorais, vede que não acabeis por vos destruirdes uns aos outros. Digo, pois: deixai-vos conduzir pelo Espírito, e não satisfareis os apetites da carne. Porque os desejos da carne se opõem aos do Espírito, e estes aos da carne; pois são contrários uns aos outros.

É por isso que não fazeis o que quereríeis. Se, porém, vos deixais guiar pelo Espírito, não estais sob a lei. Ora, as obras da carne são estas: fornicação, impureza, libertinagem, idolatria, superstição, inimizades, brigas, ciúmes, ódio, ambição, discórdias, partidos, invejas, bebedeiras, orgias e outras coisas semelhantes. Dessas coisas vos previno, como já vos preveni: os que as praticarem não herdarão o Reino de Deus!

Ao contrário, o fruto do Espírito é caridade, alegria, paz, paciência, afabilidade, bondade, fidelidade, brandura, temperança. Contra estas coisas não há lei. Pois os que são de Jesus Cristo crucificaram a carne, com as paixões e concupiscências. Se vivemos pelo Espírito, andemos também de acordo com o Espírito. Não sejamos ávidos da vanglória. Nada de provocações, nada de invejas entre nós" (Gl 5,13-26).

A oração constante e frequente nos levará naturalmente a produzirmos e desenvolvermos bons frutos, ou os frutos do espírito. Bons frutos que promoverão a paz, a concórdia, a misericórdia, a caridade e a amizade fraterna, uns para com os outros.

Porém, mesmo assim, cultivando bons frutos em nós e em nosso meio, enfrentaremos dificuldades, pois, infelizmente, nem todos pensam ou agem da mesma forma. Até mesmo as religiões, em sua enorme diversidade pela terra, nem sempre são promotoras da paz, da justiça e do perdão. Constantemente vemos fanáticos religiosos praticando atos de barbárie contra aqueles que não fazem parte de sua "religião" ou seita, ou dela discordam. E o fazem com a consciência de que estão agindo em nome do deus que cultuam.

Realmente a oração nos protege de muitos males e, particularmente, do maligno, mas não nos "imuniza" contra as adversidades, males e contrariedades desta vida terrena. Diante disso, alguns podem pensar que a oração então é desnecessária, pois a sua ação é inócua em diversas circunstâncias.

Engana-se quem pensa assim, pois Jesus mesmo nos disse em pouquíssimas palavras: *"Vigiai e orai" (Mt 26,41)*. Assim, Jesus nos aconselha a orarmos constantemente, para que possamos nos manter afastados das forças malignas ocultas e, ao mesmo tempo, próximos de Deus, mas Ele também nos alerta para que fiquemos atentos aos perigos naturais aos quais estamos sempre vulneráveis, independentemente de nossa vontade e da vontade de Deus.

Oração e vigilância: interior e exterior. Vigilância interior, não permitindo que más sementes sejam lançadas ou então cultivadas em nosso coração. Sementes malignas que produzirão maus frutos, mas também vigilância exterior, nos mantendo afastados dos perigos que nos rondam diariamente.

São Pedro, o primeiro papa da Igreja Católica, sobre essa vigilância permanente, assim nos escreve:

"Sede sóbrios e vigiai. Vosso adversário, o demônio, anda ao redor de vós como o leão que ruge, buscando a

quem devorar. Resisti-lhe fortes na fé. Vós sabeis que os vossos irmãos, que estão espalhados pelo mundo, sofrem os mesmos padecimentos que vós. O Deus de toda graça, que vos chamou em Cristo à sua eterna glória, depois que tiverdes padecido um pouco, vos aperfeiçoará, vos tornará inabaláveis, vos fortificará. A ele o poder na eternidade! Amém" (I Pd 5-8-11).

São Paulo, em sua Carta aos Efésios, também nos alerta sobre essas forças malignas que nós não vemos, mas cujos efeitos maléficos sentimos em nosso coração. O conselho de Paulo também é o de nos mantermos sempre em oração, como assim ele nos escreve:

"Finalmente, irmãos, fortalecei-vos no Senhor, pelo seu soberano poder. Revesti-vos da armadura de Deus, para que possais resistir às ciladas do demônio. Pois não é contra homens de carne e sangue que temos de lutar, mas contra os principados e potestades, contra os príncipes deste mundo tenebroso, contra as forças espirituais do mal (espalhadas) nos ares.

Tomai, portanto, a armadura de Deus, para que possais resistir nos dias maus e manter-vos inabaláveis no cumprimento do vosso dever. Ficai alerta, à cintura cingidos com a verdade, o corpo vestido com a couraça da justiça, e os pés calçados de prontidão para anunciar o Evangelho da paz. Sobretudo, embraçai o escudo da fé, com que possais apagar todos os dardos inflamados do Maligno. Tomai, enfim, o capacete da salvação e a espada do Espírito, isto é, a palavra de Deus. Intensificai as vossas invocações e súplicas.

Orai em toda circunstância, pelo Espírito, no qual perseverai em intensa vigília de súplica por todos os cristãos" (Ef 6,10-17).

Assim, seguindo os conselhos das Sagradas Escrituras, devemos orar sempre, em todas as circunstâncias, pois, mesmo que de imediato (ou ao nosso tempo) não percebamos o efeito de nossas preces, pela fé, tenhamos certeza de que nenhuma oração por nós proferida será em vão, pois no momento certo (ou seja, no tempo de Deus) elas produzirão o seu efeito benéfico, como Deus nos fala, objetivamente, pelos lábios do profeta Isaías assim nos garantindo:

"Pois, os meus pensamentos não são os vossos, e o vosso modo de agir não é o meu, diz o Senhor; mas tanto quanto o céu domina a terra, tanto é superior à vossa, a minha conduta e os meus pensamentos ultrapassam os vossos. Tal como a chuva e a neve caem do céu e para lá não volvem sem ter regado a terra, sem a ter fecundado, e feito germinar as plantas, sem dar o grão a semear e o pão a comer, assim acontece à palavra que minha boca profere: não volta sem ter produzido seu efeito, sem ter executado minha vontade e cumprido sua missão" (Is 55,8-11).

Toda oração que nesta vida proferirmos nascerá a partir da inspiração do Espírito Santo que habita o nosso interior, pois assim nos afirma São Paulo em sua primeira Carta aos cristãos que viviam em Corinto: *"Ninguém pode dizer: Jesus é o Senhor, senão sob a ação do Espírito Santo!" (I Cor,12,3).* Portanto, toda inspiração para orarmos será sempre uma moção interior do Espírito Santo de Deus em nosso interior. Uma inspiração divina em nós!

Logo, se elas são inspiradas pelo Espírito Santo, naturalmente provirão da boca de Deus, e, como Ele nos garante acima, no texto de Isaías que transcrevemos, as palavras que em oração proferirmos, inspiradas pelo Espírito, não voltarão ao céu sem antes terem produzindo o seu efeito, executando a Sua Santa vontade e cumprindo a missão que a elas Ele mesmo designou. Portanto, oremos sempre e a todo momento, pois é Deus mesmo quem ora em nós, por nós e para nós!

Vamos agora para mais um exercício de oração espontânea?

Exercício

Novamente, vamos suspender a leitura, fechar os olhos e dizer interiormente: *"Eu sei que Deus agora me ouve e que o Espírito Santo moverá o meu coração e as minhas palavras em Sua direção"*. Essa frase, que poderá ser proferida à nossa maneira e com nossas palavras, é uma forma de demonstrarmos, ou ao menos exercitaremos, a nossa fé na presença invisível de Deus. Invisível, mas totalmente perceptível se assim dissermos com fé e assim quisermos, pois o querer é importante para que a nossa fé seja mais fecunda. Procuremos ficar alguns segundos em silêncio total em nosso interior e ao redor, no exterior.

Em seguida, comecemos a nossa oração espontaneamente, proferindo aquilo que o nosso coração ensejar, não importa o que for. Permitamos apenas que as palavras brotem naturalmente do nosso coração e as verbalizemos em voz alta ou no silêncio de nosso coração, da maneira que for mais agradável ou, então, como nos sentirmos melhor, mais à vontade e mais sinceros.

O que importa é deixar que a nossa oração brote naturalmente de nosso interior, como a água que brota de uma fonte. No começo o olho-de-água nasce devagar e depois se avoluma intensamente, num crescente natural até formar um córrego e em seguida um riacho. A oração espontânea alcançará o íntimo de Deus com maior facilidade. Não que as fórmulas de oração não sejam válidas, elas também chegam até Deus, mas agora, neste momento e nesta oração, procuremos orar espontaneamente, deixando as palavras fluírem naturalmente do íntimo de nosso coração. Não "censuremos" as palavras que aflorarem em nossos lábios, deixemos que o coração as ponha para fora, pois elas representam os nossos sentimentos interiores, certamente os mais profundos.

Verbalizemo-las mesmo que elas sejam de dúvida ou de outros sentimentos semelhantes. Todos nós, indistintamente, temos no recôndito de nosso coração, em nosso interior mais profundo, os muitos porquês de nossa vida. Por que perdemos alguém que amávamos tanto? Faleceu cedo demais, ainda jovem, por quê, meu Deus? Por que isso foi acontecer logo comigo? Por que me fizeram isso, que tanto me prejudicou? Por que Deus? Por que esta doença que me atormenta dia e noite? É válido questionarmos Deus, pois Ele nos fez livres e, na liberdade que Ele mesmo nos concedeu, podemos nos manifestar a Ele questionando-O por muitas coisas. Isso não é pecado, é dúvida natural que ecoa no coração dos filhos e filhas de Deus. Afinal somos humanos, e não divinos...

Na oração podemos assim nos manifestar, levando sempre em consideração que muitos fatos desagradáveis e tristes que enfrentamos, como exposto anteriormente, são originados por nós mesmos e causados por nossas fraquezas e tentações.

Entretanto, neste momento de oração procure discernir bem o que realmente provém de Deus ou de nós mesmos como criaturas livres. Uma boa oração sempre traz também à nossa mente desejos de esperança e de fé em coisas boas que aconteceram, acontecem e ainda acontecerão conosco. Isto é uma boa oração: o nosso reconhecimento de que recebemos mais do que pedimos, mas não percebemos o quanto recebemos todos os dias de Deus Pai, que é generoso e misericordioso. A gratidão é um dos dons mais nobres que podemos expressar aos nossos irmãos e irmãs e particularmente a Deus!

CAPÍTULO 7

A FORÇA DA ORAÇÃO DE GRATIDÃO

GRATIDÃO: UMA GRANDE VIRTUDE!

Não existe um sentimento superior à gratidão, que na prática é uma manifestação profunda de amor e de reconhecimento sincero do bem que recebemos de alguém! Quando demonstramos a nossa gratidão a alguém, nós valorizamos ao máximo essa pessoa e as suas atitudes para conosco. Agradecer é dar graças! Assim devemos, em nossas preces, dar graças a Deus, já a partir do fato de estarmos vivos, independentemente de nossas condições de vida.

Muitos testemunhos de vida sinceros e belos partiram de pessoas já em fase terminal de vida. Quantas vezes visitamos pacientes em hospitais ou em seus lares, para lhes levar a comunhão e, no caso dos sacerdotes, ouvir suas confissões dos possíveis pecados, para que partissem em paz e em estado de graça. O sacerdote geralmente prepara uma colocação, escolhendo uma passagem bíblica que fale da Ressurreição para confortar esses moribundos, e, para sua surpresa, inúmeras vezes, se vê consolado por eles e por suas palavras simples e sinceras de gratidão em vez dele mesmo, como um sacerdote de Deus, consolá-los!

A proximidade da morte, para muitas pessoas de fé, já as faz pressentir a presença da eternidade e de tudo aquilo que Deus Pai nos reserva no céu. Isso é para nós um insondável e, ao mesmo tempo, edificante mistério que experimentamos quando precisamos atender a essas pessoas.

Esperamos encontrar tristeza, desconsolo, desespero, angústias e até mesmo revolta, mas, surpreendentemente, nos deparamos com filhos e filhas de Deus gratos pela vida que viveram, mesmo com as dificuldades encontradas e a doença que lhes ceifa a vida terrestre. Demonstram uma fé simples, mas inabalável naqueles momentos finais, em palavras e expressões de gratidão a Deus por tudo o que lhes proporcionou em vida, até mesmo pelas dores e pelo sofrimento que ora enfrentam. Fé ainda maior do que a fé de tantos que frequentam regularmente a igreja e os Seus sacramentos.

Ora, se a gratidão dessas criaturas, que em breve vêm a falecer, toca profundamente os nosso coração, não podemos imaginar os efeitos benéficos que ela deva produzir no boníssimo e misericordioso coração de Deus Pai! Deus aprecia e fica feliz quando Lhe demonstramos, com sinceridade, a nossa gratidão a Ele por tudo.

Diante disso, procure racionalmente ver o quanto Deus já foi favorável e generoso, e diga isso a Ele, com gratidão sincera partindo de seu coração. Eis uma frase muito bela que o padre dirige à comunidade, quando preside a celebração da Santa Missa e apresenta a Hóstia já consagrada aos fiéis, elevando-a e dizendo: *Provai e vede como Deus é bom, feliz quem Nele encontra o seu refúgio!*

Naquele momento, o sacerdote, ali representando o próprio Jesus, nos convida a provarmos Deus, porém não com o sentido do paladar, como provamos um alimento ou um manjar, mas sim O provarmos em nossa vida.

A expressão bíblica que citamos foi tirada do Salmo 33, versículo 9, que é um canto de agradecimento por uma graça alcançada. Ele é indicado para demonstrarmos a nossa gratidão sincera a Deus pelo o que Ele nos tem proporcionado.

Esse Salmo está transcrito a seguir para que tomemos ciência de suas fortes e sábias palavras de gratidão, e façamos dele, neste momento, uma leitura orante, ou seja, que seja lido em forma de oração, meditando uma de suas frases e procurando adaptá-las para a nossa vida, em sua realidade presente.

"Bendirei continuamente ao Senhor, seu louvor não deixará meus lábios. Glorie-se a minha alma no Senhor; ouçam-me os humildes, e se alegrem. Glorificai comigo ao Senhor, juntos exaltemos o seu nome. Procurei o Senhor e ele me atendeu, livrou-me de todos os temores. Olhai para ele a fim de vos alegrardes, e não se cobrir de vergonha o vosso rosto.

Vede, este miserável clamou e o Senhor o ouviu, de todas as angústias o livrou. O anjo do Senhor acampa em redor dos que o temem, e os salva. Provai e vede como o Senhor é bom, feliz o homem que se refugia junto dele. Reverenciai o Senhor, vós, seus fiéis, porque nada falta àqueles que o temem. Os poderosos empobrecem e passam fome, mas aos que buscam o Senhor nada lhes falta.

Vinde, meus filhos, ouvi-me: eu vos ensinarei o temor do Senhor. Qual é o homem que ama a vida, e deseja longos dias para gozar de felicidade? Guarda tua língua do mal, e teus lábios das palavras enganosas. Aparta-te do mal e faze o bem, busca a paz e vai ao seu encalço. Os olhos do Senhor estão voltados para os justos, e seus ouvidos atentos aos seus clamores.

O Senhor volta a sua face irritada contra os que fazem o mal, para apagar da terra a lembrança deles. Apenas clamaram os justos, o Senhor os atendeu e os livrou de todas as suas angústias. O Senhor está perto dos contritos de coração, e salva os que têm o espírito abatido.

São numerosas as tribulações do justo, mas de todas o livra o Senhor. Ele protege cada um de seus ossos, nem um só deles será quebrado. A malícia do ímpio o leva à morte, e os que odeiam o justo serão castigados. O Senhor livra a alma de seus servos; não será punido quem a ele se acolhe" (Sl 33,2-23).

Certamente, com a leitura orante desse Salmo, a oração fluiu e trouxe paz interior, mesmo se estivermos passando pelas tribulações naturais de nossa vida terrena. Se isso aconteceu, que a leitura orante seja repetida mais vezes; deste Salmo 33 e de outros que adiante indicaremos. Orar nos Salmos nos faz bem, aliás, faz bem à humanidade há quase quatro milênios, quando eles começaram a brotar dos corações humanos.

CAPÍTULO 8

PARA ORARMOS BEM, PRECISAMOS SER HUMILDES

"Todo edifício da oração está construído sobre a humildade."

Santa Teresa de Ávila

Realmente, devemos fundamentar as nossas orações não em nossa capacidade humana, mas sim na ação da graça que provém de Deus. Quanto a isso lemos na Bíblia que: *"Todos vós, em vosso mútuo tratamento, revestistes-vos de humildade; porque Deus resiste aos soberbos, mas dá a sua graça aos humildes (Pr 3,34)" (I Pd 5,5).* Ter humildade nada mais é do que aceitarmos serenamente a nossa imensa pobreza, do ponto de vista espiritual, para assim colocarmos toda a nossa confiança em Deus. A humildade não nos faz olhar as nossas misérias humanas como algo ruim, mas sim como uma grande oportunidade para que, admitindo-as e reconhecendo-as, permitamos conscientemente, que Deus manifeste em nós a Sua incomensurável Misericórdia.

Sem o exercício da humildade é praticamente impossível perseverarmos numa vida de oração, pois a oração, por si só, irá nos revelar, intimamente e de forma gradual a nossa enorme pobreza espiritual. Pobreza de espírito que, por sua vez, nos levará a uma atitude natural de despojamento de nós mesmos (já que perceberemos que nada temos e que nada somos diante de Deus, quando oramos), desnudando-nos espiritualmente diante do Criador. Quando estamos sozinhos e em profundo silêncio na presença de Deus, em nossas preces, evidencia-se em nós essa nossa pobreza espiritual em todos os sentidos, como, por exemplo: A nossa própria incapacidade de orarmos, as nossas distrações e divagações enquanto oramos, as feridas ainda não curadas de nossa tristes lembranças do passado. Lembranças más, que aflorarão nesses momentos em nossa memória, sempre mais propensa a registrar os fatos ruins e se olvidar das coisas boas e prazerosas que já vivemos.

Percebemos ainda, em oração, os nossos fracassos, os nossos temores e toda a nossa preocupação com as coisas do futuro, além, naturalmente, de nossa enorme fragilidade emocional e espiritual diante das adversidades. Esses elementos acabam "roubando" os nossos privilegiados momentos perante Deus, pois tomam conta de nossos pensamentos, impedindo-nos de orar corretamente.

Diante disso, sem perceber, acabamos "fugindo" dos momentos de oração, encontrando sempre desculpas para não as fazer, como: "Não tenho tempo para isso", ou ainda: "Na verdade eu não sei orar etc.". Ora, na verdade mesmo, este é o nosso orgulho espiritual se manifestando sorrateiramente em nosso coração, porque, afinal de contas, não queremos admitir que somos assim tão pobres e tão frágeis espiritualmente. Para rebatermos isso devemos nos lembrar de uma das frases de Jesus, proferida no Sermão da

Montanha, que diz, *textualmente*: *"Bem-aventurados os pobres de espírito, porque deles é o Reino dos céus" (Lc 6,20).*

Os que têm pobreza de espírito ou um coração de pobre (segundo algumas versões/traduções da Bíblia), na realidade, são todos aqueles que, humildemente, aceitam as suas debilidades e suas misérias espirituais, mas mesmo assim, perseveram na vida de oração sem contar consigo mesmos, pois se veem limitados e incapazes, em decorrência de suas fragilidades espirituais.

Entretanto, apesar de tudo isso, depositam toda a sua confiança em Deus, na certeza de que obterão da misericórdia divina tudo o que não são capazes de fazer com seus próprios esforços ou méritos. Porque todo aquele que não põe a sua confiança em si mesmo, mas sim em Deus, é uma pessoa humilde e, por isso, nunca desanimará, pois tem ciência de que a sua força está em Deus Pai todo-poderoso, o Rei dos reis, o Senhor dos exércitos, enfim, o nosso Criador que tudo pode, pois é Ele a origem de tudo e de todos.

Não devemos desanimar nunca diante de nossa tibieza e nossa sensação de pouco amor a Deus. Quem se dispõe a ter uma vida de oração certamente, será tentado pelo maligno a desanimar, pois como nos ensinam os padres exorcistas, como o grande Padre Gabriele Amorth, exorcista oficial da Santa Sé, já falecido: "O desânimo é a cartada derradeira de satanás para nos derrubar".

Desanimar, quando estamos iniciando uma vida de oração, é uma das tentações mais comuns em nossa vida espiritual. Diante disso precisamos perseverar com determinação racional e consciente, boa vontade e muita confiança, na certeza de que Deus mesmo semeará em nosso coração o amor com o qual poderemos amá-Lo.

Esse amor forte e ardente, que então passaremos a sentir por Deus não é um dom natural da criatura humana, mas sim algo infundido pelo Espírito Santo, se o pedirmos insistentemente. Afinal, Ele nos toca, como as labaredas de fogo que aquecem onde alcançam, conforme narra o livro dos Atos dos Apóstolos sobre a sua descida ao coração dos primeiros que o receberam no Cenáculo: *"Apareceu-lhes então uma espécie de línguas de fogo que se repartiram e pousaram sobre cada um deles. Ficaram todos cheios do Espírito Santo" (At 2,3-4).*

Não são apenas aqueles que demonstram maior fervor espiritual que conseguem tocar o coração de Deus; certamente o conseguirão também os mais humildes, que, humilhando-se diante Dele, permitirão mais facilmente que a Sua Misericórdia desça sobre sua pobreza espiritual e os enriqueça com a Sua graça. Esta é a força dos humildes, o diferencial dos pobres de espírito a quem Jesus se refere e afirma que *deles é o Reino.*

A humildade é uma das virtudes humanas que devem estar sempre presentes em nossas orações. Ela, sendo sincera, vem acompanhada da mansidão e ambas são virtudes que Jesus também nos apresentou como essenciais para uma boa oração, e ainda nos convidou a exercitá-las, ao assim nos ensinar: *"Recebei minha doutrina (os ensinamentos contidos nos Evangelhos), porque eu sou manso e humilde de coração e achareis o repouso para as vossas almas" (Mt 11,29).*

A oração sem a humildade não tem força suficiente para chegar ao céu, nem consegue alcançar o coração misericordioso de Deus Pai, pois sem ela, como vimos, o orgulho prevalecerá em nossa vida. O orgulho, naturalmente, nos impede de orar, ou, ao menos, de crermos com fé em nossas orações. O orgulho não nos permite admitir a nossa submissão a Deus que é Pai, é poderoso, está acima de nós, embora nós não O vejamos com nossos olhos carnais. Antes de nos colocarmos em oração, precisamos dobrar os nossos joelhos e nos humilharmos como criaturas humanas diante de um Deus Criador, mas invisível.

O ato de se ajoelhar é simbólico, mas profundamente significativo. É uma prática antiquíssima entre os homens, remontando ao tempo dos reis e súditos. O rei de uma nação era a pessoa mais importante, o todo-poderoso, logo, o maioral, e, por isso, diante dele todos deveriam se tornar pequenos.

Uma maneira concreta de se apequenar diante de alguma pessoa é ajoelhar-se à sua frente. Por isso, todos os súditos de um reino se ajoelhavam diante do rei. Nenhuma criatura humana, por maiores que sejam o seu poder, os seus dons, os seus talentos ou as suas riquezas, é maior do que Deus Pai, que tudo criou. Logo, ao nos ajoelharmos para orar, estamos, por essa nossa postura, demonstrando a nossa pequenez diante Dele. É um gesto de humildade de nossa parte para com Ele.

Inúmeras pessoas que não são acometidas de limitações físicas têm dificuldades para se ajoelhar ao rezar, mesmo durante o ritual da missa, no momento da Consagração, quando toda a assembleia, respeitosamente, se ajoelha. Por razões que dizem desconhecer, não conseguem prostrar-se de joelhos em suas orações ou mesmo nas celebrações eucarísticas. Esta é, frequentemente, uma manifestação do orgulho alojado em seus corações. O orgulho é um mal terrível, que lentamente nos contagia em todos os sentidos, inclusive perante Deus.

Além de nos apequenarmos diante de Deus, quando nos prostramos de joelhos para Lhe dirigirmos as nossas preces, esse gesto também simboliza a nossa humildade (palavra que se origina da raiz latina *húmus* = terra), nos aproximando do solo, do pó, de onde viemos e para onde o nosso corpo físico irá, ao ser enterrado depois de nossa morte.

"Porque és pó, e pó te hás de tornar-te" (Gn 3,19). Ao nos ajoelharmos, demonstramos a Deus que nos lembramos de nossa origem e de nosso fim, tratando-se de nosso corpo físico. Com isso combateremos também a terrível vaidade que tanto atrapalha as nossa vida. O livro do Eclesiastes nos recorda, em todo o seu texto, como a vaidade nos impede de vivermos uma vida mais espiritual e menos carnal. Assim o Eclesiastes inicia o seu ensinamento:

> *"Vaidade das vaidades, diz o Eclesiastes, vaidade das vaidades! Tudo é vaidade. Que proveito tira o homem de todo o trabalho com que se afadiga debaixo do sol? Uma geração passa, outra vem; mas a terra sempre subsiste. O sol se levanta, o sol se põe; apressa-se a voltar a seu lugar; em seguida, se levanta de novo. O vento vai em direção ao sul, vai em direção ao norte, volteia e gira nos mesmos circuitos.*
>
> *Todos os rios se dirigem para o mar, e o mar não transborda. Em direção ao mar, para onde correm os rios, eles continuam a correr. Todas as coisas se afadigam, mais do que se pode dizer. A vista não se farta de ver, o ouvido nunca se sacia de ouvir. O que foi é o que será: o que acontece é o que há de acontecer. Não há nada de novo debaixo do sol.*
>
> *Se é encontrada alguma coisa da qual se diz: 'Veja: isto é novo', ela já existia nos tempos passados. Não há memória do que é antigo, e nossos descendentes não deixarão memória junto daqueles que virão depois deles" (Eclo 1,1-11).*

Dessa forma, esse autor bíblico relativiza tudo o que para a criatura humana é fonte ou motivo de vaidade. Sua intenção é a de que compreendamos a volatilidade e a fragilidade de nossa vida terrena. Ao desenvolvermos em nós a virtude da humildade, iremos, gradativamente, combatendo em nós o orgulho e a vaidade.

O orgulho na vida de um casal, por exemplo, exerce o mesmo papel do cimento. Ele une as pequenas diferenças (como os tijolinhos de uma parede), de tal maneira que cria entre eles uma forte muralha intransponível. O orgulho é o cimento das divisões e das separações. Se conseguíssemos neutralizar a ação aglutinadora do "cimento do orgulho", a muralha ruiria, e o casal, então, retomaria a sua vida conjugal, mesmo com as diferenças que naturalmente existem entre ambos, pois afinal são criaturas distintas. Porém, o orgulho é um pecado muito difícil de ser vencido, porque toda pessoa orgulhosa, por orgulho, não admite que é...

O orgulho cega as pessoas de tal maneira que elas não conseguem enxergar os seus defeitos, as suas falhas, os seus erros, enfim, os seus muitos pecados.

Como Deus, por amor, pode corrigir o nosso poderoso orgulho?

Assim Deus se expressou ao povo judeu (e hoje a todos nós) pelos lábios do profeta Ezequiel:

> *"Dize-lhes isto: Por minha vida, não me comprazo com a morte do pecador, mas antes com a sua conversão, de modo que tenha a vida. E ainda mesmo que houvesse eu*

afirmado ao pecador que ele haveria de morrer, se, renunciando ao mal, ele praticar a justiça e a honestidade, se ele devolver o penhor que exigiu, se restituir o que roubou, se observar as leis que dão vida e se se abstiver de todo o mal, ele viverá e será preservado da morte. Nenhum delito que tenha ele cometido será computado. Ele viverá porque terá observado a justiça e a honestidade" (Ez 33,11;14-16).

Ninguém mais do que Deus quer que todos nós nos salvemos, por isso Ele nunca desiste de cada um de nós até nosso último suspiro, procurando, de todas as formas possíveis, nos atrair para a Salvação que Ele nos preparou; Salvação que Ele reservou a cada criatura humana. Ora, Deus Pai, que nos ama a todos sem distinção, sabe que muitas pessoas orgulhosas precisam combater esse terrível pecado, mas também tem ciência de que, sozinhas, elas não conseguirão vencê-lo. Então, por amor, Deus pode permitir que essas pessoas passem pelo crivo da humilhação, para se corrigirem. A humilhação, nesse contexto, é a correção divina que Deus permite aos orgulhosos: renitentes e resistentes. Quem não cultiva a humildade acaba encontrando-a pelo caminho árduo da humilhação.

Diante disso, precisamos aprender a discernir em nossa vida o que é um sofrimento causado propositalmente por alguma pessoa mal-intencionada, daquilo que possa ser uma correção divina, quando passamos por situações humilhantes "permitidas" por Deus para nos corrigir fraternalmente. A humildade é imprescindível para quem quer orar bem e quer ser ouvido por Deus.

Exercício Agora propomos novamente que, depois dessa reflexão, a nossa leitura tenha uma pausa por alguns momentos e façamos, cada um de nós, uma autoanálise para verificar se o orgulho já se instalou em nosso coração, atrapalhando assim a nossa comunicação com Deus. Um bom e eficaz teste é nos perguntar: *Eu tenho facilidade para perdoar as pessoas que me ofendem, me magoam ou me prejudicam?*

A dificuldade de perdoarmos é um sintoma evidente da presença do orgulho em nosso coração. Se não conseguimos perdoar os erros das pessoas, quem nos impede disso é o orgulho, sem dúvida. Fechemos os nossos olhos e pensemos nas pessoas que ainda não perdoamos em nossa vida. Voltemos ao passado e verifiquemos o motivo que causou essa decepção. Na maioria das vezes, quando pensamos nisso sinceramente, descobrimos que a causa não foi lá assim tão grave a ponto de fazer com que tragamos até hoje esse ressentimento em nosso coração.

Ressentimentos e mágoas que, muitas vezes, se arrastam por anos e até décadas de nossa vida. Alguns deles permanecem até mesmo depois que a pessoa que nos magoou já faleceu. Vejamos até onde o orgulho alcança... Ele nos acorrenta a coisas más e desagradáveis ocorridas em nosso passado, nos impedindo de caminhar e viver o presente, o único tempo de que realmente dispomos e que é totalmente acessível e manipulável por todos nós. Sim, porque o passado já se foi, não volta mais; e quanto ao futuro, também a ele não temos acesso, somente conjecturas e expectativas, positivas ou não.

Façamos esse exercício com todas as pessoas que ainda não nos foi possível perdoar. Lembrando-as, uma a uma, procuremos recordar o momento da ruptura do carinho para com elas, da amizade que existia entre nós. Não deixemos que o orgulho nos impeça de fazer isso, que o orgulho seja dominado e subjugado, voltando até aquele momento do rompimento da amizade. Se ainda assim achamos que o motivo foi muito forte, pensemos então naquela pessoa que nos magoou. Procuremos olhar para a situação em que ela se encontrava naquele momento, às vezes embriagada, ou passando por um momento difícil em sua vida naqueles dias.

Pessoas que não conseguem ou têm dificuldade em perdoar os seus pais, mães, esposos ou esposas, por males que eles lhes causaram, procurem sempre lembrar ou tentar saber como esses familiares foram criados. Que tipo de educação eles receberam na infância e na adolescência? Precisamos sempre nos lembrar de que ninguém consegue dar aquilo que nunca recebeu. A história de vida de cada pessoa interfere e reflete diretamente em seu comportamento social e familiar.

Quem nunca recebeu carinho, elogios ou palavras afetivas na infância ou na adolescência dificilmente conseguirá dar carinho, tecer elogios ou dirigir palavras afetivas aos seus familiares! Da mesma forma quem, no passado, nunca se sentiu amado(a), dificilmente conseguirá amar ou, ao menos, expressar objetivamente o seu amor. Se compreendermos isso, será mais fácil perdoar a pessoa que nos magoou, procurando saber mais sobre a sua história de vida.

CAPÍTULO 9

ORAR SEMPRE COM ALEGRIA!

Há uma passagem no livro do Eclesiástico que todas as pessoas deveriam ler com frequência, ao menos uma vez por mês, ou, se possível, uma vez por semana, em tempos de desolação e tristeza. Ela assim nos ensina:

> *"Não entregues tua alma à tristeza, não atormentes a ti mesmo em teus pensamentos. A alegria do coração é a vida do homem, e um inesgotável tesouro de santidade. A alegria do homem torna mais longa a sua vida. Tem compaixão de tua alma, torna-te agradável a Deus, e sê firme; concentra teu coração na santidade, e afasta a tristeza para longe de ti, pois a tristeza matou a muitos, e não há nela utilidade alguma. A inveja e a ira abreviam os dias, e a inquietação acarreta a velhice antes do tempo" (Eclo 30,22-26).*

A alegria do coração é a vida do homem! Como nos é salutar lermos e vivermos essa frase bíblica, que, cientificamente, já foi comprovada, pois os médicos perceberam que as pessoas alegres vivem por mais tempo do que as que permanentemente cultivam a tristeza no coração. O bom humor e a alegria aumentam a nossa imunidade biológica, enquanto a tristeza, as preocupações e suas derivações a diminuem, nos deixando vulneráveis a inúmeros males físicos e psíquicos. Porém, a Palavra de Deus nos quer levar além da vida biológica e faz referência direta à nossa vida espiritual. A vida espiritual da criatura humana é melhor quando continuamente alimentada por momentos alegres.

Alegrar-se com a natureza e toda a sua exuberância, sua pujança e suas belezas faz bem ao corpo e à alma! É prazeroso observarmos a natureza, sobretudo se compreendermos que Deus a criou para que, contemplando-a, nos alegrássemos! A alegria leva a pessoa que ora ao louvor espontâneo! Louvar a Deus é reconhecer a Sua mão por trás de tudo o que é belo! Para aqueles que oram com alegria, tudo ao seu redor exulta de alegria no Senhor. O Salmo 148 nos dá uma dimensão do louvor da natureza a Deus, assim se expressando:

> *"Aleluia. Nos céus, louvai o Senhor, louvai-o nas alturas do firmamento. Louvai-o, todos os seus anjos. Louvai-o, todos os seus exércitos. Louvai-o, sol e lua; louvai-o, astros brilhantes. Louvai-o, céus dos céus, e vós, ó oceanos dos espaços celestes. Louvem o nome do Senhor, porque ele mandou e tudo foi criado. Tudo estabeleceu pela eternidade dos séculos; fixou-lhes uma lei que não será violada. Na terra, louvai o Senhor, cetáceos e todos das profundezas do mar; fogo e granizo, neve e neblina; vendaval proceloso dócil às suas ordens; montanhas e colinas, árvores frutíferas, árvores silvestres; feras e rebanhos, répteis e aves; reis da terra e todos os seus povos; príncipes e juízes do mundo; jovens e donzelas; velhos e crianças! Louvem todos o nome do Senhor, porque só o seu nome é excelso. Sua majestade transcende a terra e o céu, e conferiu a seu povo um grande poder. Louvem-no todos os seus fiéis, filhos de Israel, povo a ele mais chegado" (Sl 148).*

Quando oramos com alegria no coração, o louvor brota espontaneamente em nossos lábios e o nosso interior transborda a nossa alegria, e isso, objetivamente, é um louvor! Logo, não devemos olhar a oração como um dever ou uma obrigação, não! A oração, seja qual for o seu motivo, deve sempre vir acompanhada da alegria, pois se oramos é porque temos consciência plena de que alguém ouve atentamente a todas as nossas palavras proferidas. Alguém que nos ama com alegria, pois Deus é alegria permanente e eterna!

O vocábulo alegria, em nossa língua portuguesa, deriva do termo latino *alacritas* ou *alacer,* que significa: animado, vivaz, cheio de vida, pleno de ânimo (ânimo advém também do latim: *animae,* que significa alma, espírito).

O nosso Deus é um Deus vivo, que nos dá a vida em plenitude, e a alma que nos enseja os sentimentos, portanto Ele é um Deus pleno de alegria e de vida, e não um Deus apático, triste ou morto! No Evangelho de São Lucas, Jesus afirma: *"Ora, Deus não é Deus dos mortos, mas dos vivos; porque todos vivem para Ele" (Lc 20,38).* Da mesma forma, Jesus também se expressa no texto do Evangelho segundo São Mateus, dizendo: *"Ora, Ele (Deus) não é Deus dos mortos, mas Deus dos vivos" (Mt 22,32).*

Alegria, portanto, é vida, e vida é o que Deus nos dá em abundância por toda a eternidade; logo, façamos as nossas preces sempre cheios de alegria. Como São Paulo exorta:

> *"Alegrai-vos sempre no Senhor. Repito: alegrai-vos! Seja conhecida de todos os homens a vossa bondade. O Senhor está próximo. Não vos inquieteis com nada! Em todas as circunstâncias apresentai a Deus as vossas preocupações, mediante a oração, as súplicas e a ação de graças" (Fl 4,4-6).*

Paulo, nesse trecho de sua carta, insiste para que permaneçamos sempre alegres no Senhor. Mas o que significa nos alegrarmos no Senhor? Jesus, em seu discurso de despedida aos Seus discípulos, antes de enfrentar o Calvário, a Cruz e a Morte, assim se expressou a eles (e hoje Se expressa a nós todos, cristãos):

> *"Como o Pai me ama, assim também eu vos amo. Perseverai no meu amor. Se guardardes os meus mandamentos, sereis constantes no meu amor, como também eu guardei os mandamentos de meu Pai e persisto no seu amor. Disse-vos essas coisas para que a minha alegria esteja em vós, e a vossa alegria seja completa" (Jo 15,9-11).*

Prestem atenção nesta frase de Jesus: *"Disse-vos essas coisas para que a minha alegria esteja em vós, e a vossa alegria seja completa"*. Para que a alegria de Jesus esteja em nós, precisamos perseverar no amor a Ele: Jesus. Mas como conseguiremos perseverar no amor constante a Jesus? Se guardarmos (ou, objetivamente, seguirmos e obedecermos) os Seus mandamentos.

E todos nós sabemos qual é o maior de todos os mandamentos de Jesus, que na sequência do trecho acima, mais uma vez, Ele o expressa aos Seus discípulos (e hoje a mim, a você e a todos nós): *"Este é o meu mandamento: amai-vos uns aos outros, como eu vos amo" (Jo 15,12).* Gosto desta tradução que coloca a afirmação de Jesus no presente: COMO EU VOS AMO, e não como: eu vos amei. Pois o amor de Jesus pela humanidade é eterno, presente e indistinto: por todos os filhos e filhas de Deus, incluindo eu, você e quem pudermos imaginar!

Essa perseverança no amor de Jesus, seguindo os Seus mandamentos, é que nos faz alegres no Senhor, pois Ele nos disse: *para que a minha alegria esteja em vós, e a vossa alegria seja completa.* Assim, se a alegria de Jesus permanecer em nós, não nos inquietaremos com nada que possa nos acontecer e, em toda e qualquer circunstância: *apresentaremos a Deus as nossas preocupações, mediante a oração, as súplicas e a ação de graças.*

Alegria, como vimos, é ânimo, confiança e, acima de tudo, perseverança, mesmo nas horas difíceis, nas tribulações, nas angústias e nos momentos mais aflitivos. A perseverança está intimamente ligada à fé. A nossa fé produz a perseverança e a perseverança, por sua vez, sustenta a nossa fé! Quando a fé vacila, esmorece, esfria ou se esvai, nós deixamos de orar e esta é uma das grandes causas da nossa dificuldade em orarmos: sempre e constantemente, tema que veremos no capítulo seguinte. Mas, antes, vamos fazer o exercício de orar com alegria no coração?

Exercício

Deixe agora sua leitura e, como sugerimos em capítulos anteriores, ponha-se diante de Deus, invocando-O com fé, na certeza de que Ele já está *com você*, e, principalmente, *em você*. Ora, isso já é um motivo para nos alegrarmos: Deus habita o seu coração, o seu interior, passeando por seu espírito! Porém, se você quiser fazer a alegria brotar mais rapidamente em seu coração, comece a recordar momentos alegres e felizes de sua vida, a começar por sua infância, passando por sua meninice, juventude, até sua vida adulta. Pense quantos momentos felizes Deus já proporcionou em sua vida, por exemplo, suas conquistas pessoais, suas vitórias e suas realizações. Se você é pai ou mãe e já tem filhos, sinta novamente a alegria do nascimento de cada um deles.

Se você já é casado ou casada, recorde-se da alegria do dia de seu matrimônio, da celebração, do Sacramento recebido diretamente de Deus, da festa, de sua lua de mel e todas as demais coisas que fizeram desse dia, um dia memorável e inesquecível em sua vida. Se você já se graduou, lembre-se do dia de sua formatura, da confraternização com os seus colegas de turma, da felicidade incontida de seus pais e parentes por você ter conseguido se formar. Há tantos momentos em nossa vida que foram de intensa alegria e felicidade, mas, por razões diversas, eles caem no esquecimento. Neste momento, esforce-se para se lembrar deles procurando reviver a intensidade da alegria nesses fatos marcantes de sua vida. Lembrados esses momentos alegres e felizes, agora agradeça alegremente a Deus por tê-los proporcionado a você.

Esta será uma alegre oração de sincera gratidão a Deus. Gratidão que tantas vezes nos esquecemos de demonstrar ao Criador, porque nos deixamos envolver por tantas preocupações, dissabores e dificuldades, momentâneas e passageiras. Hoje, neste momento faça uma alegre oração de gratidão a Deus Pai por tudo o que Ele já lhe proporcionou. Tenha certeza de que Deus a ouvirá com alegria ainda maior do que a sua, pois esta é a Sua vontade: que vivamos sempre alegres e contentes, como nos afirma São Paulo em sua primeira carta aos tessalonicenses:

> *"Vivei sempre contentes. Orai sem cessar. Em todas as circunstâncias, dai graças, porque esta é a vosso respeito a vontade de Deus em Jesus Cristo. Não extingais o Espírito" (I Ts 5,16-19).*

CAPÍTULO 10

A DIFICULDADE DE ORARMOS PROVÉM DE NOSSA FALTA DE FÉ

Das muitas crises que o mundo atual enfrenta, a partir da segunda metade do século XX até o século XXI, que ora vivemos, não tenho dúvida de que a maior, e talvez a mais grave delas, é a crise da fé. A secularização das mentes e dos corações humanos, deixando-se envolver totalmente pelas novidades e modernidades do mundo, afastou gradualmente a criatura humana da fé pura em Deus. Eu mesmo já falei disso, em diversas palestras e pregações, usando um exemplo muito simples e atual: o smartphone, uma inovação fantástica que revolucionou a nossa comunicação inter-humana, porém nos afastou da oração, que é o nosso "WhatsApp" com Deus. Se nós investíssemos a mesma quantidade do nosso precioso tempo que interagimos em nossos smartphones, em orações e preces, a maioria da humanidade viveria em plena sintonia com Deus e com os Seus ensinamentos.

Muitas e muitas vezes perdemos horas de sono precioso, invadindo as madrugadas operando os nossos smartphones, participando das redes sociais, enfim, navegando horas a fio, sem conseguirmos parar. Esse "vício", que começa a chamar a atenção de psicólogos e especialistas em comportamento humano, já é responsável por problemas na vida afetiva e até mesmo sexual de casais, de relacionamentos entre pais e filhos, entre amigos etc.

Vemos, cotidianamente, grupos de pessoas sentadas à mesa de um restaurante (para onde geralmente vamos para conversar, para nos conhecermos melhor, ou mesmo para consolidarmos novas amizades), cada qual manipulando o seu smartphone e comendo ao mesmo tempo. Pergunto-me e, ao mesmo tempo, faço a você a mesma pergunta: É um novo fenômeno social de uma solidão em grupo ou de um grupo de solitários juntos, ou melhor, próximos?

Paradoxalmente, esse instrumento, que foi desenvolvido para melhorar o nosso relacionamento e fomentar o nosso convívio social, acaba se tornando uma ferramenta que nos isola do mundo e nos faz viver em um mundo virtual, algo que precisamos rever e pensar muito. Nosso tempo de vida neste mundo terreno é curto e precisamos utilizá-lo em coisas úteis, práticas, que promovam o bem, melhorem o nosso relacionamento e instaurem a paz entre nós.

O tempo que investimos na oração é importante e vital, pois nos coloca em sintonia direta com o criador, Deus Pai. Por isso precisamos reorganizar o nosso tempo, pois assim nos exorta a Palavra de Deus:

> *"Vigiai, pois, com cuidado sobre a vossa conduta: que ela não seja conduta de insensatos, mas de sábios que aproveitam ciosamente o tempo, pois os dias são maus. Não sejais imprudentes, mas procurai compreender qual seja a vontade de Deus" (Ef 5,15-17).*

Com frequência, ouvimos as seguintes queixas de fiéis que procuram orientações diversas dos sacerdotes ou mesmo para uma direção espiritual: "Eu não tenho tempo para mais nada... Mal consigo dar conta de minhas responsabilidades, não sei o que está havendo comigo!". Algumas vezes, no meio da nossa conversa vibra o celular e a pessoa, meio sem jeito, me pede licença para atender, pois diz que é importante... Ora, a mim não cabe aqui julgar o que é importante a você ou a qualquer outro filho e filha de Deus, porém, como sacerdote, não posso deixar de destacar que nada neste mundo, para nós, que cremos, é mais importante do que Deus: o autor e o promotor da vida humana!

E se Deus é importante para nós, devemos manifestar a Ele essa devida importância, dedicando parte de nosso tempo às orações, nos mantendo sempre "ligados" a Ele por meio de nossas preces de gratidão, de louvor, de pedido, de perdão, e tudo mais que precisamos Lhe falar. A oração, tenhamos certeza, produz efeitos reais e concretos em nossa vida. Basta que nos habituemos a orar e a ouvir as respostas de Deus Se manifestando de diversas formas em nossa vida.

O tempo que muitos fiéis (num passado remoto) dedicavam a orar, meditar a Palavra de Deus, enfim, permanecer em sintonia com Ele, hoje é gasto em horas e horas de internet. Percebam que não é uma crítica radical, mas sim um alerta, pois nós usamos bastante os nossos smartphones por questões familiares e de trabalho. Porém, não descuidemos de nossas orações diárias. Nesse conflito, precisamos orar e pedir a Deus o dom da temperança, que é a nossa capacidade de equilibrar e organizar o nosso tempo (cada vez mais escasso) dedicando parte dele às nossas orações diárias.

É importante desligarmos (isso mesmo, desligar e não apenas silenciar) os nossos celulares nas celebrações dominicais ou nas missas semanais, pois naquele tempo que ali permanecermos nada, absolutamente nada, poderá nos desviar do foco central: Deus! Senão, seremos católicos de "corpo presente" na missa, mas com a mente e o coração nas coisas externas, não permitindo assim que Deus aja e penetre em nosso coração, distantes e distraídos com outras coisas menos importantes do que Ele.

"A fé é o nosso último reduto contra Satanás"

O título desta seção foi inspirado em uma reflexão do Papa Bento XVI sobre o Salmo 3. Transcrevemos, a seguir, o texto do Salmo para que ele seja recordado:

> *"Senhor, como são numerosos os meus perseguidores! É uma turba que se dirige contra mim. Uma multidão inteira grita a meu respeito: 'Não, não há mais salvação para ele em seu Deus!' Mas vós sois, Senhor, para mim um escudo; vós sois minha glória, vós me levantais a cabeça. Apenas elevei a voz para o Senhor, ele me responde de sua montanha santa. Eu, que me tinha deitado e adormecido, levanto-me, porque o Senhor me sustenta. Nada temo diante desta multidão de povo, que de todos os lados se dirige contra mim. Levantai-vos, Senhor! Salvai-me, ó meu Deus! Feris no rosto todos os que me perseguem, quebrais os dentes dos pecadores. Sim, Senhor, a salvação vem de vós. Desça a vossa bênção sobre vosso povo".*

Sobre esse Salmo assim falou o Papa Bento XVI na audiência geral de 7/9/2011: "Parece que o salmo nos afeta pessoalmente; são muitos os problemas em que sentimos a tentação de que Deus não me salva, não me conhece, talvez não tenha a possibilidade; a tentação contra a fé é a última agressão do inimigo e devemos resistir a ela porque assim nos encontramos com Deus e encontramos a vida. A última tentação que o fiel sofre é a tentação de perder a fé, a confiança na proximidade de Deus. O justo, superando esta última prova, permanece firme na fé, na certeza da verdade e na confiança plena em Deus. Assim encontra a vida e a verdade. *'Mas vós sois, Senhor, para mim um escudo; vós sois minha glória, vós me levantais a cabeça. Apenas elevei a voz para o Senhor, ele me responde de sua montanha santa' (Sl 3,4-5).* A visão dos inimigos desaparece agora, não venceram porque quem crê em Deus está certo de que Deus é seu amigo: resta somente o 'Tu' de Deus; aos 'muitos' se contrapõe somente um, mas que é muito maior e potente que muitos adversários. O Senhor é ajuda, defesa, salvação; como escudo, protege quem confia Nele, fazendo-o levantar a cabeça com gesto de triunfo e de vitória. A oração expressa a certeza de uma presença divina que já se experimentou e na qual se acreditou, e se manifesta plenamente na resposta salvífica de Deus. Isso é importante: que, na nossa oração, esteja presente a certeza da presença de Deus".

Repetindo as palavras de Bento XVI: *Isso é importante: que, na nossa oração, esteja presente a certeza da presença de Deus.* Essa certeza da presença de Deus conosco quando oramos é fruto da fé que alimentamos em nosso coração. Sem ela, as nossas orações se tornam áridas e sem vida; assim, elas nos parecerão ser inócuas e sem sentido. A certeza da presença de Deus conosco está garantida nos Evangelhos. Segundo o evangelista Mateus, foram estas as últimas palavras de Jesus antes de ascender ao céu representam essa certeza: *"Eis que estou convosco todos os dias, até o fim do mundo" (Mt 28,20).*

Setecentos anos antes do nascimento de Jesus, um prenúncio do profeta Isaías assim prometeu, em nome do Senhor, ao povo judeu: *"Por isso, o próprio Senhor vos dará um sinal: uma virgem conceberá e dará à luz um filho, e o chamará Deus Conosco" (Is 7,14).* Deus Conosco, que em hebraico significa Emanuel, já era o anúncio antecipado da vinda do filho de Deus ao mundo, Jesus Cristo, que, nascido da Virgem Maria, se fez homem e habitou entre nós, até ser crucificado por ordem de Pôncio Pilatos.

Logo, a nossa fé cristã tem a certeza da presença invisível de Deus no mundo, ao lado de todos os que O invocam com fé, por meio de suas orações e preces.

Exercício

Propomos agora que você deixe de lado a leitura e, mais uma vez, procure, fechando os seus olhos, entrar em sintonia com Deus. Neste momento teste o tamanho de sua fé, lembrando-se da conhecida frase de Jesus aos Seus discípulos: *"Em verdade vos digo: se tiverdes fé, como um grão de mostarda, direis a esta montanha: Transporta-te daqui para lá, e ela irá; e nada vos será impossível" (Mt 17,20).*

Pergunte-se: *Eu realmente creio em Deus? Creio em Seu poder e em Seu amor por mim? Recordo-me agora de experiências que tive com Deus, em que pude perceber a Sua ação em determinados momentos de minha vida? Eu creio em milagres? Já testemunhei algum milagre inexplicável ocorrido em minha vida? Minha fé tem conduzido a minha vida nos momentos mais difíceis que tenho enfrentado? Recorro a Deus constantemente na certeza de que Ele me ouve?*

Independentemente de suas respostas, conclua este momento com uma oração pedindo a Deus que aumente a sua fé.

CAPÍTULO 11

A ORAÇÃO COM OS SALMOS

Na Bíblia temos 150 Salmos, orações antiquíssimas que acompanham o povo de Deus há milênios. O povo hebreu, de quem herdamos os Salmos, era um povo errante que vivia em tendas no deserto e, constantemente, mudava-se para outros locais em busca de vales úmidos onde pudesse plantar o seu trigo. Os Salmos, na verdade, são poemas que eram cantados durante essas árduas e longas caminhadas pelo deserto. Sua tradução para o nosso vernáculo é: "Cânticos de louvor".

Apesar de os louvores a Deus serem a base dos Salmos, temos inúmeros temas e assuntos neles interpretados, tratados e refletidos, como: os ideais da piedade religiosa e a comunhão com Deus, a tristeza e a vergonha pelo pecado e também a busca constante pela perfeição, o caminhar nas trevas sem temor, em razão da fé na proteção divina, a certeza da luz a guiá-los e o amor de Deus a se manifestar a eles, a obediência à lei Deus e o prazer da adoração às obras divinas, a reverência pela Palavra de Deus, a amizade com os amigos de Deus, a humildade quando castigados, a leal confiança em Deus mesmo quando o mal triunfa sobre eles e a impiedade prospera por algum tempo (a resignação), a serenidade em meio a tempestades. Enfim, são inúmeros temas, perfeitamente aplicáveis à nossa realidade hoje.

Cada Salmo é uma poderosa oração, já utilizada pela humanidade, como foi dito, há milênios. Muitos santos e santas da Igreja católica se valeram dos Salmos em tempos de aridez espiritual, quando não conseguiam fazer a oração brotar naturalmente do coração.

Na aridez, eles repetiam seguidamente os Salmos, fazendo deles as suas orações pessoais. Uma leitura compenetrada e meditada de um Salmo traz paz ao nosso coração. Por exemplo, quando estamos vivendo momentos de medo ou de insegurança, ao abrimos o Salmo 26 leremos:

> *"O Senhor é minha luz e minha salvação, a quem temerei? O Senhor é o protetor de minha vida, de quem terei medo? Quando os malvados me atacam para me devorar vivo, são eles, meus adversários e inimigos, que resvalam e caem. Se todo um exército se acampar contra mim, não temerá meu coração. Se se travar contra mim uma batalha, mesmo assim terei confiança" (Sl 26,1-3).*

Em períodos de aridez espiritual, podemos nos valer do Salmo 62, que assim se inicia:

> *"Ó Deus, vós sois o meu Deus, com ardor vos procuro. Minha alma está sedenta de vós, e minha carne por vós anela como a terra árida e sequiosa, sem água" (Sl 62,2).*

Percebam que um só versículo desse Salmo já nos faz clamar a presença de Deus em nosso coração quando árido.

Se quisermos expressar a nossa gratidão por algo de bom que tenha nos acontecido, podemos meditar, por exemplo, o Salmo 17, que assim se expressa:

"Eu vos amo, Senhor, minha força! O Senhor é o meu rochedo, minha fortaleza e meu libertador. Meu Deus é a minha rocha, onde encontro o meu refúgio, meu escudo, força de minha salvação e minha cidadela. Invoco o Senhor, digno de todo louvor, e fico livre dos meus inimigos" (Sl 17,2-4).

Outra coisa interessante que podemos fazer ao meditar os Salmos é personalizá-los, dizendo o nosso nome no meio das frases ou ainda indicando os "inimigos" ou os problemas que estamos enfrentando. Assim teremos uma oração personalizada com o nosso nome e apresentando a Deus Pai os nossos problemas.

Leia agora um desses trechos:

"E agora, eis o que diz o Senhor, aquele que te criou, (Jacó), e te formou, (Israel): Nada temas, pois eu te resgato, eu te chamo pelo nome, és meu. Se tiveres de atravessar a água, estarei contigo. E os rios não te submergirão; se caminhares pelo fogo, não te queimarás, e a chama não te consumirá. Pois eu sou o Senhor, teu Deus, o Santo de Israel, teu salvador. Dou o Egito por teu resgate, a Etiópia e Sabá em compensação. Porque és precioso a meus olhos, porque eu te aprecio e te amo, permuto reinos por ti, entrego nações em troca de ti" (Is 43,1-4).

Ou ainda no capítulo seguinte:

"Agora escuta, (Jacó), meu servo, (Israel), a quem escolhi. Eis o que diz o Senhor que te criou, que te formou desde o

seio materno e te socorreu: nada temas, (Jacó), meu servo, meu (Israel), a quem escolhi! Porque derramarei água sobre o solo sequioso, fá-la-ei correr sobre a terra árida, derramarei meu espírito sobre tua posteridade, e minha bênção sobre teus rebentos. Crescerão como a vegetação irrigada, como os álamos à beira dos arroios. Um dirá: Eu sou do Senhor, outro reclamará para si o nome de (Jacó), um terceiro escreverá na sua mão: Ao Senhor, e receberá o cognome de (Israel). Eis o que diz o Senhor, o rei de Israel, seu Redentor, o Senhor dos exércitos: Eu sou o primeiro e o último, não há outro Deus afora eu. Quem é igual a mim?" (Is 44,1-7).

Exercício

No lugar dos nomes que nos trechos anteriores estão colocados entre parênteses, coloquemos o nosso nome e depois relemos com fé. Uma grande diferença será sentida! É como se Deus estivesse nos falando pessoalmente estas palavras de consolo, esperança e confiança! Algo assim como ouvir a voz de Deus ressoando em seu coração! Conseguir "ouvir" a voz de Deus em nosso coração é um grande avanço em nossa caminhada de oração. Vamos tratar deste tema no próximo capítulo, mas agora gostaríamos que você pegasse a Bíblia, a abrisse no livro dos Salmos e, folheando-o, descobrisse algum deles (lembrando que são 150 salmos ao todo) que hoje, na atual conjuntura que você está vivendo, lhe servisse de estímulo para uma oração. Faça mais esta experiência e você conseguirá perceber a presença do Espírito Santo na Palavra de Deus. Você sentirá Deus orando com você, por você e em você! Experimente e comprove.

CAPÍTULO 12

A ORAÇÃO DA ESCUTA DE DEUS

Uma das grandes dificuldades que enfrentamos em nossas orações cotidianas – particularmente neste nosso tempo, nesta sociedade tão ruidosa – é a de "ouvir" Deus nos falar ao coração e à alma. Sim, Deus nos fala de diversas maneiras: por meio de Sua Palavra, por intermédio de uma pessoa (às vezes até estranha) ou mesmo de uma criança e pelas circunstâncias ao nosso redor.

Entretanto, essa dificuldade de ouvirmos a Deus não é um problema da atualidade, pois já no Antigo Testamento (isso há mais de três milênios) observamos Deus chamando a atenção do povo hebreu ao lhe dizer: *"Ouve, ó Israel!" (Dt 6,4)* pela boca de Moisés ao lhes anunciar os Dez Mandamentos, pois estavam todos distraídos com um falso ídolo, um bezerro de ouro que eles mesmo criaram e fundiram, a partir de suas joias. E assim, em diversos livros da Bíblia, Deus pede insistentemente ao povo para ser ouvido, pois geralmente apenas nós falamos, pedimos, murmuramos, agradecemos ou O louvamos, não Lhe reservando um tempo para que Ele nos fale, nos responda ou nos oriente.

Até mesmo durante a celebração da Santa Missa, após a comunhão, temos muita dificuldade de silenciarmos externa e interiormente para ouvirmos Jesus nos falar no íntimo de nosso coração. Inclusive o ambiente exterior não nos deixa silenciarmos.

O Papa São João Paulo II nos legou orientações para a celebração da Santa Missa na qual, entre outras determinações, ele nos fala da necessidade de um tempo de silêncio após a distribuição da Comunhão, para que todos os comungantes possam refletir sobre essa presença real de Jesus Eucarístico em seu interior.

Assim o documento *REDEMPTIONIS SACRAMENTUM* nos orienta no início do capítulo 39: "Para promover e manifestar uma participação ativa (dos fiéis leigos), a recente renovação dos livros litúrgicos, de acordo com o espírito do Concílio, tem favorecido as aclamações do povo, as respostas, salmos, antífonas, cânticos, assim como ações, gestos e posturas corporais, e o sagrado silêncio que cuidadosamente se deve observar em alguns momentos".

Percebamos que o texto, com sabedoria e oportunamente, adjetiva o silêncio como sagrado: *o sagrado silêncio*. Faz isso porque realmente o silêncio nos permite notar a presença de Deus, que, como já escrevemos anteriormente, não é ruidoso, mas silencioso e suave.

Apesar de existirem espaços exteriores sagrados, como os templos, onde temos o Sacrário com Hóstias consagradas e ali Jesus se faz presente corporalmente, conseguiremos sentir a presença do sagrado em nosso interior se em nossas orações – após nossas preces ou palavras dirigidas a Deus com fé e confiança – nos esforçarmos para silenciar e aguçar todos os nossos sentidos a fim de sentirmos e "ouvirmos" Deus a nós Se manifestar.

Quanto a isso, assim nos orienta a Palavra de Deus, no livro do Eclesiastes:

> *"Não te apresses em abrir a boca; que teu coração não se apresse em proferir palavras diante de Deus, porque Deus está no céu, e tu na terra; que tuas palavras sejam, portanto, pouco numerosas. Porque muitas ocupações geram sonhos, e a torrente de palavras faz nascer resoluções insensatas" (Eclo 5,1-2).*

Quando o autor bíblico, nessa passagem, diz que Deus está no céu, ele se refere à eternidade atemporal, em que Deus permanece e de onde Ele tudo sabe, vê e conduz. Por isso, essa observação dele é pertinente e oportuna à nossa oração: *Não te apresses em abrir a boca; que teu coração não se apresse em proferir palavras diante de Deus.*

Sim, porque antes mesmo que as nossas palavras sejam proferidas, Deus já tem pleno conhecimento delas, pois perscruta o nosso coração, como nos diz o Salmo 138:

> *"A palavra ainda me não chegou à língua, e já, Senhor, a conheceis toda. Vós me cercais por trás e pela frente, e estendeis sobre mim a vossa mão. Conhecimento assim maravilhoso me ultrapassa, ele é tão sublime que não posso atingi-lo" (Sl 138,4-6). Deus é esse mistério insondável que Se deixa revelar a nós gradualmente pela oração!*

Muitos místicos da Igreja Católica (homens e mulheres) eram fiéis que pouco falavam, pois se calavam e, assim, em silêncio, permaneciam atentos à escuta de Deus. Eles nos legaram muitas orientações e conselhos que norteiam a vida religiosa de monges e religiosas que permanecem em clausura nos mosteiros e conventos, sempre intercedendo pela humanidade e, particularmente, por aqueles afastados de Deus, ou então muito envolvidos pelo pecado.

Dedicamos este capítulo ao silêncio, para que possamos entender que não precisamos falar demasiadamente para sermos ouvidos por Deus Pai. Jesus mesmo nos alertou para isso, aos discípulos:

> *"Nas vossas orações, não multipliqueis as palavras, como fazem os pagãos que julgam que serão ouvidos à força de palavras. Não os imiteis, porque vosso Pai sabe o que vos é necessário, antes que vós lho peçais"* (Mt 6,7-8).

Há uma oração tirada do Antigo Testamento, que os nossos irmãos, cristãos de outras denominações, utilizam muito e que denominam a Oração de Jabes. Historicamente, nós pouco sabemos sobre este personagem bíblico, Jabes, apenas temos a referência bíblica que antecede a sua pequeníssima oração que nos diz que ele era um descendente de Judá, um homem honrado, e que sua mãe o chamou de "Jabes" (que significa "triste" ou "que causa dor") porque o seu parto tinha sido doloroso.

Em sua oração, Jabes clama a Deus por proteção e bênção. Usando um jogo de palavras, Jabes, ou o "homem de dores", pede a Deus para protegê-lo do sofrimento que o seu nome tanto lembra quanto pressagia. Jabes aparece no livro das Crônicas, que assim nos fala sobre ele:

> *"Jabes foi mais ilustre que seus irmãos: sua mãe lhe deu o nome de Jabes, dizendo: É porque o dei à luz com dor. Jabes invocou o Deus de Israel: Se vós me abençoardes, alargando meus limites, se vossa mão estiver comigo*

para me preservar da desgraça e me poupar da aflição!... E Deus lhe concedeu o que tinha pedido" (I Cr 4,9-10).

Esta afirmação bíblica, *e Deus lhe concedeu o que tinha pedido*, comprova que não precisamos dizer muitas coisas a Deus em nossas orações, pois Ele em Sua Onisciência sabe tudo de que necessitamos. É preferível colocarmos mais sentido, mais fé e mais confiança nas palavras que a Ele dirigirmos do que multiplicarmos as palavras em longas preces. Outra pequena e eficaz oração nós a lemos no livro do profeta Isaías, narrando-nos que o rei Ezequias, que estava muito doente, ao saber pela boca do profeta que ele iria falecer, imediatamente ora com fé a Deus e alcança a sua cura. Assim Isaías narra esse fato:

> *"Naquele tempo, Ezequias esteve doente, quase à morte. O profeta Isaías, filho de Amós, veio ter com ele e lhe disse: Eis o que disse o Senhor: põe em ordem a tua casa porque vais morrer, não te restabelecerás. Então Ezequias voltou-se para a parede e se pôs a orar ao Senhor: Senhor, disse ele, lembrai-vos de que tenho andado diante de vós com lealdade, de todo o coração, segundo a vossa vontade. E chorava abundantemente. Depois a palavra do Senhor foi dirigida a Isaías nestes termos: Vai dizer a Ezequias: eis o que diz o Senhor, o Deus de Davi, teu pai: Ouvi tua oração e vi tuas lágrimas, prolongarei tua vida por quinze anos" (Is 38,1-5).*

Pouquíssimas palavras e um resultado eficaz: *Ouvi tua oração e vi tuas lágrimas, prolongarei tua vida por quinze anos.* Assim poderíamos descrever outros personagens e fatos bíblicos em que a poderosa mão de Deus age a partir de pequenas e sinceras orações, como a de Ezequias, que, com o seu choro abundante e sincero, lembrou a Deus de sua vida íntegra e fiel aos mandamentos divinos. Já ouvi incontáveis testemunhos semelhantes, em minha vida sacerdotal, nos quais fiéis pedem com fé e sinceridade, usando poucas palavras, e conseguem alcançar milagres aparentemente impossíveis de acontecer. Que aprendamos a falar menos e ouvir mais a Deus.

A princípio, pode parecer difícil ouvir a Deus, pois não temos esse hábito. Porém, se insistirmos e nos calarmos após nossas orações, permanecendo em escuta e atentos, com o tempo iremos aprender a ouvi-Lo nos chamar, como Ele fez com outro personagem bíblico, Samuel, um jovem que servia ao sacerdote Heli e que com ele vigiava no Templo, junto à Arca da Aliança, onde eram guardadas as tábuas da Lei de Moisés (os Dez Mandamentos). Assim o primeiro Livro de Samuel narra esse fato:

> *"O jovem Samuel servia ao Senhor sob os olhos de Heli. A palavra do Senhor era rara naqueles dias, e as visões não eram frequentes. Ora, aconteceu certo dia que Heli estava deitado (seus olhos tinham-se enfraquecido, e ele mal podia ver), e a lâmpada de Deus ainda não se apagara. Samuel repousava no templo do Senhor, onde se encontrava a arca de Deus. O Senhor chamou Samuel, o qual respondeu: Eis-me aqui. Samuel correu para junto de Heli e disse: Eis-me aqui: chamaste-me? Não te chamei, meu filho, torna a deitar-te. Ele foi e deitou-se. O Senhor chamou de novo Samuel.*
>
> *Este levantou-se e veio dizer a Heli: Eis-me aqui, tu me chamaste. Eu não te chamei, meu filho, torna a deitar-te. Samuel ainda não conhecia o Senhor; a pala-*

vra do Senhor não lhe tinha sido ainda manifestada. Pela terceira vez o Senhor chamou Samuel, que se levantou e foi ter com Heli: Eis-me aqui, tu me chamaste. Compreendeu então Heli que era o Senhor quem chamava o menino. Vai e torna a deitar-te, disse-lhe ele, e se ouvires que te chamam de novo, responde: Falai, Senhor; vosso servo escuta!

Voltou Samuel e deitou-se. Veio o Senhor pôs-se junto dele e chamou-o como das outras vezes: Samuel! Samuel! Falai, respondeu o menino; vosso servo escuta!" (I Sm 3,1-10).

Falai, Senhor vosso(a) servo(a) escuta, que possamos nos habituar a concluirmos as nossas orações com esta frase de Samuel, confiantes de que, mais cedo ou mais tarde, Deus nos falará de alguma forma em resposta às nossas preces.

Exercício

Neste capítulo gostaríamos que você, após sua leitura, procurasse ficar em silêncio. Sei que é difícil para nós nos silenciarmos totalmente, pois, se nos calamos os nossos pensamentos "tomam a palavra" e falam internamente a nós... Ninguém consegue deter os seus pensamentos, mas podemos, ao menos, nos esforçar para que eles diminuam a sua intensidade e velocidade, os rebatendo mentalmente e dizendo a nós mesmos: "Quero me calar, quero permanecer em silêncio, quero permitir a Deus que agora se manifeste a mim de alguma forma".

Os monges no deserto, ainda no início do Cristianismo, desenvolveram o que nós chamamos de *hesicasmo*, ou a oração do coração, que, em síntese, consiste em procurar desligar-se de tudo e pronunciar mentalmente a chamada oração do coração, repetidamente. A frase repetida é: *Jesus, filho de Deus, tem piedade (ou misericórdia) de mim*. Chama-se Oração do Coração porque os seus praticantes procuram conciliar as batidas do seu coração, bem como a sua respiração, com o pronunciar da frase.

Hesicasmo provém do termo grego *hesychìa*. Ele é traduzido em latim por *quies, pax, tranquillitas, silentium*. Em geral, hesiquia significa quietude, mas pode também querer exprimir a paz profunda do coração. Na literatura monástica (dos monges), hesiquia revela no mínimo dois significados: antes de tudo, tranquilidade, quietude e paz, como também estado de alma e condição estável do coração necessária para a contemplação. Significa ainda desapego do mundo, na dupla acepção de solidão e silêncio.

A hesiquia se expressa na paz, na quietude, na solidão e no silêncio interior, que se consegue por meio da solidão e do silêncio exterior. Ela se apresenta, todavia, como um meio excelente para se conseguir o fim da união com Deus na contemplação, por intermédio da oração contínua. Podemos tentar, a exemplo dos hesicastas, pronunciar a frase: *Jesus, filho de Deus, tem misericórdia de mim*, buscando um silêncio interior, dando assim oportunidade para Deus se manifestar a nós. Tente, não vai lhe custar nada. Você pode escolher outra pequena frase bíblica e repeti-la mentalmente até sentir a paz interior, a quietude, enfim, o silêncio mental e interno para "ouvir" a voz de Deus em seu interior.

Vamos à prática?

Agora: silêncio e escuta.

CAPÍTULO 13

A ORAÇÃO PEDINDO A INTERCESSÃO DOS SANTOS

Uma das grandes riquezas de nossa fé católica é a nossa devoção aos santos e santas devidamente canonizados pela Igreja.

Depois de analisar minuciosamente os seus méritos em vida em prol da Igreja de Jesus Cristo e, principalmente, verificar e comprovar se os milagres alcançados, pedindo a intercessão deles, são realmente de ordem extraordinária.

É válido e lícito pedirmos a intercessão dos santos e santas por graças e milagres em nossa vida, pois a Igreja, antes de declarar oficialmente o seu estado de santidade, já provou isso de forma racional, objetiva e científica, após um longo processo (às vezes que dura décadas ou séculos) de análise e comprovação de sua santidade. Por isso, podemos confiar a eles as nossas preces e deles nos tornarmos devotos ou devotas.

A correta devoção aos santos católicos, entretanto, passa, necessariamente, pelo conhecimento de sua biografia, ou, ao menos, de fatos meritórios de sua vida terrena que os levaram à santidade. Ser devoto de um santo ou de uma santa significa conhecer os seus méritos, os seus martírios, as suas obras de fé e de caridade junto aos mais necessitados, as suas lutas incessantes contra o pecado, as suas quedas, as muitas perseguições que sofreram e tudo mais que eles possam ter enfrentado em nome de Jesus Cristo e de sua fé em Sua Ressurreição.

Todo santo ou santa, a começar de Nossa Senhora, tem sempre como referencial Jesus Cristo, o Filho de Deus, o nosso Salvador e o nosso Redentor. Quem se santifica, se santifica em nome de Jesus, por Sua causa, por Seu Evangelho, por crer em Suas promessas, pelo Seu testemunho de vida aqui na terra e, principalmente, por Seu martírio consciente pela humanidade. Toda santidade provém de Deus e passa necessariamente por Jesus. Podemos simbolizar os santos e as santas como setas apontadas a Jesus, nos indicando o caminho até o céu. Conhecer a vida terrena dos santos que amamos é procurar nos identificarmos com as suas virtudes e imitá-las em nossa vida. Essa é a conduta do autêntico devoto ou devota de nossos santos e nossas santas.

Por essa razão, é uma tradição antiquíssima em nossa Igreja dedicarmos uma profissão ou atividade a algum santo ou santa que tenha exercido algo dentro dessa área. São os santos padroeiros de cada atividade humana, como São Lucas, que era médico e é o patrono dos médicos, ou São Cristóvão, cuja tradição conta que conduziu Jesus nos ombros e é o padroeiro dos motoristas.

Da mesma forma que Santa Luzia, martirizada tendo os seus belos olhos arrancados em vida, é a padroeira de visão, e São Braz, um bispo que salvou uma criança de morrer sufocada por um espinho na garganta, é o santo protetor de nossa garganta. Assim, a Igreja vai tornando populares os méritos e virtudes de nossos santos e santas, difundindo entre os fiéis seus méritos ou martírios.

É válido, sim, nós pedirmos a intercessão dos santos no céu, junto a Jesus, para que sejamos atendidos. O próprio Jesus nos orientou a nos unirmos uns aos outros em nossos pedidos ao dizer-nos: *"Digo-vos ainda isto: se dois de vós se unirem sobre a terra para pedir, seja o que for, consegui-lo-ão de meu Pai que está nos céus" (Mt 18,19).* Quando pedimos com fé a intercessão dos santos, nos unimos a eles, que já estão no céu, junto de Jesus, e, certamente, as nossas orações serão ouvidas e atendidas por Deus Pai!

Muitos desses santos e santas, como Santo Antônio, por exemplo, já realizavam milagres ainda em vida, quando pregavam ou atendiam as pessoas que os procuravam para soluções de inúmeros problemas físicos ou espirituais. Um exemplo bastante atual é São Padre Pio, sacerdote que viveu na Itália no século passado e tem um número extraordinário de milagres operados e devidamente registrados e comprovados, quando ainda aqui vivia. Muitos dos que receberam essas graças por seu intermédio ainda estão vivos e testemunham de viva voz os fatos extraordinários com eles ocorridos, por meio do Padre Pio.

Ora, se esses santos em vida já eram intercessores muito eficazes, vamos imaginá-los no céu, ao lado de Jesus, de Nossa Senhora e todos os outros santos, como podem ser nossos intercessores e alcançarem êxito!

Santa Teresinha do Menino Jesus, ou Teresa de Lisieux, que faleceu precocemente aos 24 anos no Carmelo, doutora da Igreja, tinha tanta certeza sobre a intercessão dos santos e santas no céu sobre nós que declarou ainda em vida: "Sim, eu quero passar o meu céu fazendo o bem aqui na terra!".

O grande sonho de Santa Teresinha era ser missionária e viajar pelo mundo pregando a Palavra de Deus aos povos mais distantes, porém a tuberculose a impediu de tirar os pés do Carmelo, onde entrou aos 15 anos de idade, para uma vida de clausura. Diante dessa impossibilidade ela se tornou ainda em vida uma grande intercessora dos pecadores e das criaturas que estavam afastadas de Deus, e afirmava que quando chegasse ao céu iria trabalhar muito, intercedendo junto a Jesus por todas as pessoas que invocassem o seu auxílio.

A devoção à Santa Teresinha do Menino Jesus é muito grande em diversos países do mundo e seus devotos e devotas testemunham que, por sua intercessão, alcançam graças e ainda recebem rosas de presente, como confirmação de que ela ouviu os seus pedidos. "Depois de minha morte, farei cair do céu uma chuva de rosas", assim falou Teresinha pouco antes de falecer. Diante disso os fiéis costumam distribuir rosas depois que alcançam graças por sua intercessão.

Nossa união com os santos no céu produzirá efeitos e resultados favoráveis a nós. Ao fim deste capítulo queremos sugerir a você que invoque (caso você tenha) o seu santo ou santa pelo qual nutre sua devoção. Caso não tenha preferência, então invoque Nossa Senhora, mãe de Jesus e mãe da humanidade, portanto sua mãe também no céu, e peça a ela, ou ao seu santo ou santa de devoção, uma graça.

Faça uma oração simples pedindo que ele (ou ela) interceda junto a Jesus, nosso mediador junto ao Pai, para que essa graça seja alcançada. Faça o seu pedido uma só vez, e nos outros dias, demonstrando a sua fé em seu atendimento, somente agradeça por aquela graça que você pediu, mesmo que não a tenha recebido ainda. Essa é uma forma muito objetiva e fervorosa de pedirmos a intercessão dos santos e santas para nossos problemas ou dificuldades: confiarmos que fomos ouvidos e que seremos atendidos!

CAPÍTULO 14

A ADORAÇÃO AO SANTÍSSIMO SACRAMENTO

A oração de adoração ao Santíssimo Sacramento é a oração que fazemos junto de Jesus, ao lado Dele no Sacrário ou solenemente exposto no ostensório, em dias e momentos especiais. Adorar significa para nós: *orar junto de*, logo adorar Jesus Sacramentado tem o sentido de orarmos junto de Jesus, vivo e presente no meio de nós. Assim agiremos como Maria, irmã de Marta, duas irmãs que receberam a visita de Jesus em sua casa. Assim o evangelista Lucas narra esse fato:

> *"Estando Jesus em viagem, entrou numa aldeia, onde uma mulher, chamada Marta, o recebeu em sua casa. Tinha ela uma irmã por nome Maria, que se assentou aos pés do Senhor para ouvi-Lo falar. Marta, toda preocupada na lida da casa, veio a Jesus e disse: Senhor, não te importas que minha irmã me deixe só a servir? Dize-lhe que me ajude. Respondeu-lhe o Senhor: Marta, Marta, andas muito inquieta e te preocupas com muitas coisas; no entanto, uma só coisa é necessária; Maria escolheu a boa parte, que lhe não será tirada" (Lc 10,38-42).*

A boa parte que não nos será tirada é este tempo que dedicamos para estar junto de Jesus presente no Santíssimo Sacramento! Orar junto de Jesus é o ápice de nossas orações. Muitas vezes nem precisaremos de palavras, basta ficarmos ali diante Dele, contemplando-O e deixando-O penetrar no íntimo de nosso coração e de nossa mente. Somente a nossa exposição diante de Jesus Vivo e Sacramentado já nos fará tocados por Sua Luz inefável e curativa.

Podemos ainda, quando formos adorar Jesus, levar conosco a Bíblia e, junto Dele, meditar trechos dos Evangelhos, nos quais nos são apresentadas, pelos evangelistas, as palavras que Ele nos deixou, os Seus conselhos, os Seus ensinamentos e a Sua direção para nossa vida. Haverá momentos fortes em que sentiremos a Sua presença real ao nosso lado, nos falando essas palavras que Ele nos deixou como um tesouro inestimável. A oração de adoração a Jesus é especial aos fiéis que creem verdadeiramente estar na presença de Jesus Ressuscitado, vivo e ali presente, na Hóstia Santa.

Há ordens religiosas femininas e masculinas que têm como carisma principal a Adoração ao Santíssimo Sacramento durante as 24 horas do dia. Essas religiosas e religiosos enclausurados se revezam dia e noite e não deixam Jesus "sozinho" por um só instante. Eles são os intercessores e intercessoras da humanidade, pois cada um deles ou delas "adota" uma atividade humana e intercede por toda a sua vida de clausura pelas pessoas que atuam nessa área.

Temos intercessores permanentes pelos sacerdotes, pelas mães, pelos pais, pelos órfãos, pelos professores, pelos médicos, pelos músicos, e assim sucessivamente. Muitas desgraças são evitadas pelo mundo todo graças a essa silenciosa e eficaz intercessão de religiosas e religiosas em clausura diante de Jesus Sacramentado. A força da nossa intercessão e de nossas orações diante de Jesus Sacramentado é incalculável por todos nós e somente um dia, ao chegarmos ao céu, se assim o merecermos, teremos ciência do poder dessas nossas adorações, feitas em vida, junto ao Santíssimo Sacramento.

Diante disso, convidamos você a experimentá-la! Encontre, próximo à sua residência ou local de trabalho, uma paróquia onde exista a Capela do Santíssimo e comece a visitar Jesus em seus horários livres, procurando fazer ao menos uma hora de adoração. Você, rapidamente, sentirá os benefícios dessa saudável e sábia prática de oração.

Jesus, tenha certeza, espera por você, ansiosamente, pleno de amor e de misericórdia para lhe dar! Adorar Jesus no Santíssimo Sacramento é o mesmo que estar ao Seu lado, bem juntinho Dele, como ficavam Maria, sua mãe, São José, seu pai adotivo, e os Seus discípulos, que o acompanharam por quase três anos em sua peregrinação pela Palestina e redondezas. Podemos, se tivermos fé, sentir a Sua presença real ao nosso lado e isso é bom e muitíssimo salutar para a nossa vida espiritual. Faça mais esta experiência!

PARTE II

AS PRINCIPAIS MODALIDADES DE ORAÇÃO

Apesar de já termos citado anteriormente, de forma aleatória, as modalidades básicas de oração, gostaríamos de nos aprofundar um pouco mais sobre aquelas que são as mais comuns entre nós e que, praticamente, exercemos até de forma inconsciente, dependendo das circunstâncias em que nos encontramos. Basicamente podemos classificar as nossas orações em cinco modalidades:

- Oração de louvor.
- Orações de agradecimento ou de ação de graças.
- Orações de entrega ou de confiança.
- Orações de intercessão.
- Orações de súplica.

Nos capítulos seguintes iremos nos deter a cada uma dessas modalidades, exemplificando e mostrando a vocês, objetivamente, como podemos estimulá-las em nossa vida, nos valendo delas em cada situação que estamos vivendo.

Devemos nos lembrar sempre de que as técnicas e estímulos que lhe proporemos serão úteis e válidos em todas as circunstâncias; as nossas orações precisam brotar espontaneamente de nosso coração, como ressaltamos no prólogo deste livro.

Santa Teresinha de Jesus, no seu livro autobiográfico *História de uma alma*, revelou-nos as suas memórias de infância, quando viveu fortes experiências com Deus, a partir de orações simples, sinceras e formuladas em situações do seu cotidiano. É dela uma das mais belas e conhecidas definições da oração: "Para mim, a oração é um impulso do coração, é um simples olhar lançado ao céu, um grito de reconhecimento e amor no meio da provação ou no meio da alegria". No meio da provação ou da alegria, estas são duas situações que nos levam a orar quase que espontaneamente.

CAPÍTULO 15

ORAÇÃO DE LOUVOR

A oração de louvor é aquela que brota espontaneamente de nossos lábios para exaltar as obras de Deus, na grandeza, na beleza e no esplendor de Sua criação, e por toda a natureza em seus ciclos evolutivos, que se renovam magnificamente, a cada segundo que passa.

Ao desenvolvermos esta modalidade de oração, quanto mais louvarmos a Deus, mais perceberemos a Sua presença em nosso meio, pois o louvor tem o poder de abrir os nossos olhos, a nossa mente e o nosso coração para Ele, o Criador de todas as coisas.

Podemos e devemos louvar a Deus pela inteligência dada ao ser humano. Inteligência que nos permite evoluirmos por intermédio da ciência, da medicina, dos meios de transporte e de comunicação entre os povos, das artes; enfim, pelo progresso e pela evolução veloz de tantas outras atividades que facilitam o nosso trabalho e ajudam as nossa vida.

Olhando para nós mesmos, louvamos a Deus pelos nossos sentidos, dons maravilhosos que nos permitem experimentar, presenciar, sentir e perceber a Sua obra magnífica em todo o universo. Não há limites nem parâmetros para louvarmos a Deus, pois Ele é infinito!

Diante do crescimento de grupos de oração ligados à Renovação Carismática Católica, julgamos oportuno que um membro do Movimento compartilhasse sua experiência no item a seguir.

O louvor em línguas estranhas, por Kater Filho

O louvor em línguas, presente nos Grupos de Oração da Renovação Carismática Católica, emite sons ininteligíveis que brotam do coração, e não do intelecto. É a superação da própria razão e do vernáculo, mergulhando a pessoa orante num espaço onde a inteligência humana não encontra referências para entender, nem mesmo verbalizar, o que ela deseja exprimir naquele momento.

É um profundo momento de louvor direcionado exclusivamente a Deus, conforme nos confirma São Paulo na Primeira Carta aos Coríntios: "*Aquele que fala em línguas não fala aos homens, senão a Deus: ninguém o entende, pois fala coisas misteriosas, sob a ação do Espírito" (I Co 14,2).* Nas primeiras comunidades cristãs formadas, quando havia a "descida" do Espírito Santo sobre os novos fiéis, era comum que dons extraordinários, como esse de orar em línguas, fossem dados aos que recebiam o batismo no Espírito Santo.

Podemos comprovar isso lendo, na Bíblia, o livro dos Atos dos Apóstolos e as Cartas de São Paulo, particularmente a Primeira Carta aos Coríntios, em que ele trata especificamente desses dons extraordinários que o Espírito Santo suscitava em profusão sobre as primeiras comunidades convertidas a Jesus pelo "batismo no Espírito Santo". Assim São Paulo nos explica e orienta sobre esses dons recebidos pelos cristãos batizados no Espírito, que viviam em Corinto:

"Há diversidade de dons, mas um só Espírito. Os ministérios são diversos, mas um só é o Senhor. Há também diversas operações, mas é o mesmo Deus que opera tudo em todos. A cada um é dada a manifestação do Espírito para proveito comum. A um é dada pelo Espírito uma palavra de sabedoria; a outro, uma palavra de ciência, por esse mesmo Espírito; a outro, a fé, pelo mesmo Espírito; a outro, a graça de curar as doenças, no mesmo Espírito; a outro, o dom de milagres; a outro, a profecia; a outro, o discernimento dos espíritos; a outro, a variedade de línguas; a outro, por fim, a interpretação das línguas. Mas um e o mesmo Espírito distribui todos esses dons, repartindo a cada um como lhe apraz" (I Cor 12,4-11).

Porém, São Paulo, nessa mesma Primeira Carta aos Coríntios, dois capítulos adiante, explica que é melhor a oração na língua corrente e compreendida por todos, do que a oração em línguas estranhas, quando estamos, por exemplo, pregando a Palavra de Deus a outros irmãos e irmãs. Assim ele se manifesta:

"Empenhai-vos em procurar o amor. Aspirai igualmente aos dons espirituais, mas sobretudo ao de profecia.

Aquele que fala em línguas não fala aos homens, senão a Deus: ninguém o entende, pois fala coisas misteriosas, sob a ação do Espírito. Aquele, porém, que profetiza fala aos homens, para edificá-los, exortá-los e consolá-los. Aquele que fala em línguas edifi-

ca-se a si mesmo; mas o que profetiza, edifica a assembleia. Ora, desejo que todos faleis em línguas, porém muito mais desejo que profetizeis.

Maior é quem profetiza do que quem fala em línguas, a não ser que este as interprete, para que a assembleia receba edificação. Suponhamos, irmãos, que eu fosse ter convosco falando em línguas, de que vos aproveitaria, se minha palavra não vos desse revelação, nem ciência, nem profecia ou doutrina?

É o que se dá com os instrumentos inanimados de música, por exemplo a flauta ou a harpa: se não produzirem sons distintos, como se poderá reconhecer a música tocada? Se a trombeta só der sons confusos, quem se preparará para a batalha? Assim também vós: se vossa língua só profere palavras ininteligíveis, como se compreenderá o que dizeis?

Sereis como quem fala ao vento. Há no mundo grande quantidade de línguas e todas são compreensíveis. Porém, se desconhecer o sentido das palavras, serei um estrangeiro para quem me fala e ele será também um estrangeiro para mim. Assim, uma vez que aspirais aos dons espirituais, procurai tê-los em abundância para edificação da Igreja.

Por isso, quem fala em línguas, peça na oração o dom de as interpretar. Se eu oro em virtude do dom das línguas, o meu espírito ora, mas o meu entendimento fica sem fruto. Então que fazer? Orarei com o espírito, mas orarei também com o entendimento; cantarei com o espírito, mas cantarei também com o entendimento.

De outra forma, se só renderes graças com o espírito, como dirá Amém a tuas ações de graças aquele que ocupar o lugar dos simples? Sem dúvida, as tuas ações de graças podem ser belas, mas o outro não é edificado. Graças a Deus que possuo o dom de línguas superior a todos vós. Mas prefiro falar na assembleia cinco palavras que compreendo, para instruir também os outros, a falar dez mil palavras em línguas" (I Cor 14,1-19).

De todas as formas, a oração de louvor é, por excelência, a oração que agrada a Deus. Não porque Ele necessite de nossos louvores, mas porque o louvor nos abre, cada vez mais, a mente e o coração, para que possamos percebê-Lo muito próximo de nós. É por isso que ela também é uma oração de libertação! Mas você poderia me questionar: "Por que a oração de louvor seria, ao mesmo tempo, uma oração de libertação?".

A oração de louvor, por ser focada e direcionada exclusivamente a Deus, tira-nos do centro de nossas atenções, que, tantas vezes, fazem de nós pessoas cegas, egoístas, fechadas em si mesmas e escravas de nossos "mundos", pequeninos e mesquinhos, mas repletos de melindres e vaidades.

Pessoas cheias de autopiedade que concentram todo o seu tempo, a sua vida e as suas orações em monótonas lamentações, murmurações e queixumes, visando somente ao seu interesse, ao seu bem-estar, aos seus caprichos e às suas vontades. Pessoas egocêntricas que não tiram os olhos de si mesmas, nem de seus "insolúveis" problemas, para perceber o muito que Deus, a todo momento, nos oferece sem nada cobrar, independentemente de nossos méritos.

Até mesmo na dor, no sofrimento, na humilhação, na provação, na perseguição, diante da morte de um ente querido e amado, louve a Deus por esses reveses que você, nesses momentos de "cruz", não consegue entender, nem mesmo compreender. O louvor alivia as nossas dores, aumenta o nosso amor por Deus e nos convence gradativamente de que, para cada mal aparente, Deus sempre nos reserva um bem: maior e permanente. Pois isso é que a Bíblia nos garante:

> *"É como está escrito: Coisas que os olhos não viram, nem os ouvidos ouviram, nem o coração humano imaginou (Is 64,4), tais são os bens que Deus tem preparado para aqueles que o amam" (I Cor 2,9).*

A oração de louvor é um bálsamo para as nossas feridas espirituais mais purulentas e mais doloridas, ela é um estímulo para os nossos decepcionantes fracassos, uma injeção de ânimo para as nossas desolações e nossas amarguras. A oração de louvor nos converge para Deus, fazendo-nos perceber o Seu imenso amor por nós, expresso em Suas obras magníficas criadas para nós. Amor tão grande que pode até superar as nossas dores e decepções com a humanidade em geral, em suas eternas fraquezas, quedas e traições.

Habitue-se a iniciar as suas orações com o louvor, praticando-o com os Salmos, como já lhes foi proposto em capítulos anteriores. Tome, por exemplo, o Salmo 91, que diz:

> *É bom louvar ao Senhor e cantar salmos ao vosso nome, ó Altíssimo; Proclamar, de manhã, a vossa misericórdia, e, durante a noite, a vossa fidelidade; Com a harpa de dez cordas e com a lira, com cânticos ao som da cítara. Pois vós me alegrais, Senhor, com vossos feitos; exulto com as obras de vossas mãos.*

Quando participamos da Santa Missa aos domingos, podemos perceber que, durante toda a liturgia, há fortes momentos de louvor a Deus. Logo no início da celebração nós cantamos (ou proclamamos) o hino de Glória, oração de louvor que prepara o nosso coração para ouvirmos a Palavra de Deus que, imediatamente, nos será anunciada pelas leituras da missa.

Antes da Consagração do pão e do vinho, ápice de nossa celebração eucarística, nós, mais uma vez, louvamos a Deus no mais íntimo de nosso coração, cantando ou rezando assim:

Santo, Santo, Santo é o Senhor Deus do universo!
O céu e a terra proclamam a Vossa Glória!
Hosana nas alturas
Bendito o que vem em nome do Senhor!
Hosana nas alturas!

Praticando habitualmente a oração de louvor em nossa vida, nas celebrações e no cotidiano, aos poucos, uma mudança significativa em suas preces e orações será percebida, despertando uma nova alegria e a vontade de rezar, com maior intensidade e maior frequência, principalmente preparando o nosso coração para esse encontro com Deus, comunicando-nos objetivamente com Ele.

CAPÍTULO 16

ORAÇÃO DE AGRADECIMENTO OU DE AÇÃO DE GRAÇAS

Se o enfoque da oração de louvor são as obras maravilhosas de Deus, a oração de ação de graças, por sua vez, tem o objetivo de centralizar as nossas preces e a nossa gratidão nos benefícios pessoais que Deus nos tem proporcionado. É um olhar de agradecimento que lançamos a Deus Pai, por tudo aquilo que somos, que recebemos e que já realizamos em nossa vida.

O dom da vida pode e deve ser evocado, a todo instante, em nossas orações. Ao despertarmos, devemos dar graças a Deus por termos acordado e estarmos vivos, prestes a retomar as nossas atividades cotidianas, depois de um período de repouso, justo e merecido. Da mesma forma que ao nos deitarmos para, merecidamente, descansarmos, repousando o nosso corpo e a nossa mente, devemos dar graças a Deus pelo dia que Ele nos proporcionou, por nossa saúde, pelo nosso trabalho, pelos familiares e amigos que convivem conosco; enfim, por tudo o que ocorreu durante aquele dia, até mesmo pelos problemas e dificuldades que possamos ter enfrentado.

Ao nos sentarmos à mesa para as nossas refeições diárias, também devemos agradecer, sinceramente, a Deus pelos alimentos que vamos receber, pelas mãos que os prepararam para nós e por todas as pessoas que, direta e indiretamente, trabalharam para que eles pudessem chegar até nós.

Percebam que se nos ativermos somente aos fatos que acontecem corriqueiramente em nossa vida, numa atitude orante, tudo, mas tudo mesmo, o que nos envolver, até mesmo as coisas mais simples ocorridas em nosso dia a dia, já serão fortes motivos para darmos graças a Deus!

Alguns benefícios pessoais de nossas orações de ação de graças

Quando ocupamos parte de nosso tempo nas orações de ação de graças, nós neutralizamos em nossa mente: o pessimismo, a depressão, o desânimo, o mau humor, os sentimentos de incompetência, a ansiedade ou as perigosas sensações de vazio e de inutilidade que, muitas vezes, nos incomodam e nos atormentam.

É sabido que o pessimismo é um dos males mais danosos para a vida do cristão. Vida que deve ser fundamentada na esperança que herdamos de Jesus Cristo. O pessimismo anula as nossas esperanças, não nos deixando enxergar a possibilidade de êxito, de felicidade, de diálogo ou de acordos favoráveis; e, ainda por cima, nos acorrenta aos fracassos, desgraças, discórdias e divisões, pois, por um enfoque pessimista, é somente isso o que conseguimos vislumbrar.

A oração de ação de graças combate esses e tantos outros males que contaminam a nossa alma, fazendo-nos adoecer perigosamente. Outro grande benefício da oração de ação de graças é a cura da "autopiedade", que atua como um câncer que corrói a autoestima das pessoas, colocando-as como centro e vítimas das incompreensões e injustiças, por parte de todos, indistintamente, incluindo Deus, que, segundo os seus próprios juízos – incorretos e doentios –, não se importa com elas, nem com os seus problemas.

A oração de ação de graças tem o poder de transformar a perigosa e nociva autopiedade em autoestima, que, positivamente e ao contrário da autopiedade, nos revela e nos faz perceber os nossos talentos e, principalmente, o quanto somos amados por Deus, que nos coroou com esses dons, que eram para nós, até então, imperceptíveis, quando ainda estávamos cegos pela autopiedade que nos impedia de nos vermos como pessoas dotadas de tanta capacidade e de muitos dons.

A oração de ação de graças tem ainda o poder de despertar em nós o dom da alegria! Alegria que a Palavra de Deus, já desde o Antigo Testamento, nos incentiva a desenvolver, como nos diz o livro do Eclesiástico:

> *"Não entregues tua alma à tristeza, não atormentes a ti mesmo em teus pensamentos. A alegria do coração é a vida do homem, e um inesgotável tesouro de santidade. A alegria do homem torna mais longa a sua vida" (Eclo 30,22-23).*

A alegria do homem torna mais longa a sua vida. Pesquisas científicas desenvolvidas no mundo todo concluíram que pessoas tristes e mal-humoradas têm uma predisposição maior a sofrer infartos e desenvolver doenças no coração (vindo a falecer prematuramente) do que as pessoas alegres e bem-humoradas. Entretanto, para quem tem o hábito de ler a Bíblia, esta informação já se encontrava à disposição de todos, há mais de dois mil anos, conforme lemos no parágrafo anterior, extraído do livro do Eclesiástico escrito por volta do ano 200 a.C., ou então no livro dos Provérbios capítulo 17, versículo 22, que diz: "*Coração alegre, bom remédio; um espírito abatido seca os ossos*".

Ação de graças e eucaristia: sinônimos!

A palavra Eucaristia significa ação de graças e, em seu ápice, o celebrante repete as palavras de Jesus aos discípulos, em sua Última Ceia, quando abençoa os alimentos e dá graças a Deus Pai:

> *"Pegando o cálice, deu graças e disse: Tomai esse cálice e distribuí-o entre vós [...] Tomou em seguida o pão e depois de ter dado graças, partiu-o e deu-lho, dizendo: Isto é o meu corpo que é dado por vós; fazei isto em memória de mim" (Lc 22,17-19).*

Portanto, todas as vezes que participarmos de uma missa, ou celebração eucarística, daremos graças a Deus por Seu amor infinito a ponto de nos entregar o Seu único filho como vítima de expiação de nossos pecados.

A oração de ação de graças devolve a alegria e a paz ao nosso coração triste e inquieto. Não uma alegria qualquer, mundana, vinda de uma euforia passageira, mas a verdadeira e única alegria que vem do Espírito Santo de Deus, que habita os nosso coração desde o dia de nosso batismo.

CAPÍTULO 17

ORAÇÃO DE ENTREGA OU DE CONFIANÇA

Outra modalidade de oração é a de entrega ou de confiança em Deus. Ela nos transforma em pessoas de fé, capazes de confiar plenamente nas promessas de Deus. Pessoas que, com o tempo, acabam entregando as suas vidas e o seu dia a dia aos cuidados Dele. É uma oração pela qual colocamos sem medo nos braços de Deus as nossas aflições, problemas, dúvidas, limitações e tudo o mais.

Porém, quanto a essa entrega, devemos ser criteriosos! Entregar a Deus o nosso dia, os nossos problemas ou as nossas preocupações não significa, simplesmente, abandonarmos nas mãos Dele essas situações e ficarmos passivos, inertes, esperando que Deus as resolva, satisfatoriamente, para nós.

Devemos depositar nas mãos de Deus a nossa vida, mas, principalmente, os fatos e as coisas relacionadas ao nosso futuro, que poderão acontecer ou não, e todas aquelas situações que estão fora de nosso controle ou de nossa intervenção! Antes de nos levantar e iniciar as atividades do dia, entreguemo-nos totalmente a Deus, na confiança de que, agindo assim, esse nosso dia será por Ele abençoado. Isso é uma oração de entrega!

Não significa, entretanto, que possamos retornar ao sono e deixar que Deus cuide dos problemas e situações difíceis que teremos de enfrentar. A entrega significa, de minha parte, que estou consagrando a Deus aquele dia e, consequentemente, todas as minhas atitudes, os meus gestos, as minhas ações e todas as demais atividades cotidianas.

A oração de entrega sincera, demonstrando a minha confiança em Sua Santa Providência, vai esperar de Deus uma atenção especial, naquelas circunstâncias em que eu não tenha como agir, pois estarão fora de meu alcance, de minhas possibilidades ou mesmo de minha percepção.

O Anjo da Guarda

Você se lembra, regularmente, de seu Anjo da Guarda? Deus coloca à disposição de cada um de nós, Seus filhos e filhas, um Anjo da Guarda para nos proteger das investidas invisíveis do maligno em nossa vida. A maioria dos católicos aprende desde criança a se confiar ao seu Anjo da Guarda, rezando uma oração simples, mas poderosa, que diz assim:

"Santo Anjo do Senhor,
meu zeloso guardador,
se a ti me confiou a piedade divina,
sempre me rege, me guarde,
me governe e me ilumine. Amém".

Infelizmente, muitos de nós, católicos, ao nos tornarmos adultos, nos esquecemos de nosso Anjo da Guarda e a ele não mais recorremos. Os anjos foram criados por Deus para louvá-Lo e nos servirem, e nós podemos nos confiar a eles, diariamente e em todas as circunstâncias.

São Paulo, em sua Carta aos primeiros cristãos que viviam em Éfeso, assim lhes escreve:

> *"Não é contra homens de carne e sangue que temos de lutar, mas contra os principados e potestades, contra os príncipes deste mundo tenebroso, contra as forças espirituais do mal (espalhadas) nos ares" (Ef 6,12).*

Os nossos anjos da guarda, quando por nós invocados, vêm em nosso auxílio e combatem eficazmente essas forças espirituais malignas, mesmo quando não as percebamos.

Por nossa oração de entrega a Deus, também nos revestimos da proteção divina para enfrentarmos as nossas lutas diárias, como se colocássemos uma poderosa armadura sobre o nosso corpo espiritual, nos protegendo dos golpes mais duros e mais perigosos desse invisível combate espiritual.

A oração de entrega combate as nossas preocupações

Preocupar-se significa, literalmente, ocupar-se antecipadamente com algo que, imagina-se, será ruim, perigoso, desagradável e certamente trará sofrimento. Alguma coisa má que talvez possa acontecer num futuro remoto, mas que provoca aflige e já faz sofrer muito agora, no presente, por antecipação! Muitas de nossas inúmeras preocupações são vãs, e só servirão para nos desgastar, física e espiritualmente, ao longo do tempo, consumindo, com certeza, muitos e muitos anos de nossa vida, já atribuladas por outros tipos inevitáveis de tensões e ameaçadas por outros agentes incontroláveis.

A oração de entrega é um ato de fé em Deus

Quando entregamos a nossa pessoa, os nossos familiares e todas as outras circunstâncias, favoráveis ou não, a Deus, sinalizamos a Ele, por meio de nossas orações, que confiamos em Suas promessas, que acreditamos na Sua presença, mesmo invisível aos nossos olhos humanos, e reconhecemos o Seu poder e Sua autoridade, sobre todas as coisas por Ele criadas. Isso é um ato de fé!

Nas missas, durante o ofertório, temos a oportunidade de nos unirmos às preces do celebrante, entregando, confiantemente, a Deus todas as situações de nossa vida, os nossos problemas, as nossas necessidades e as nossas expectativas. Devemos colocar na patena, juntamente com o pão, as nossas ofertas particulares, aquilo que trazemos em nossos pensamentos, e, no cálice, juntamente com o vinho, mergulharmos os sentimentos mais profundos de nosso coração, para que tudo seja a Deus oferecido e, por Ele, misteriosamente transformado. Assim participamos efetivamente do ofertório nas Santas Missas!

O celebrante, ao final da prece que, em nome da Igreja, dirige a Deus – após a consagração do pão e do vinho –, num gesto extremo de amor e respeito, eleva a patena e o cálice para o céu e, numa oração de entrega máxima e absoluta, oferece a Ele o maior de todos os dons: o próprio filho, que livremente se ofereceu na cruz, num ato único de sacrifício e amor por todos nós.

O celebrante entrega toda a humanidade, ali representada pela gotinha de água que, na preparação das oferendas, foi diluída no vinho e, agora, está intrinsecamente ligada ao Sangue de Cristo, numa prece de compromisso assumido, dizendo: "Por Cristo, com Cristo e em Cristo".

Essa minúscula gotinha de água simboliza as lágrimas de tantas pessoas derramadas nos momentos de dor e de luta, uma gota do suor proveniente das dificuldades enfrentadas no dia a dia.

A grande oração de entrega de Jesus

Jesus, no derradeiro momento de Sua dor e paixão, segundos antes de Sua morte, dolorosa e sacrifical, faz a Sua última e definitiva oração de entrega ao Pai, reunindo as forças que Lhe restavam para gritar: *"Pai, nas tuas mãos entrego o meu espírito" (Lc 23,46b).* Entrega que Ele iniciou já ao ser preso pelos soldados romanos. Entrega completa que detalharei em seguida.

A entrega total de Jesus antes de morrer na cruz

Antes de Se entregar aos soldados romanos para ser julgado, condenado e morto na Cruz, Jesus antecipa, juntamente com os Seus doze discípulos, a Ceia Pascal, que no judaísmo é celebrada no dia de sábado. Porém, Jesus antecipa a Santa Ceia para a quinta-feira, dia em que Ele seria preso, pois tinha ciência de que morreria na Sexta-feira Santa. Nessa Santa Ceia, Jesus inicia a Sua entrega total de tudo o que tinha ou que era Seu, a começar por Judas Iscariotes, discípulo que o trairia ao entregá-Lo aos soldados romanos em troca de trinta moedas. Assim o evangelista João narra em seu evangelho essa passagem:

"Dito isso, Jesus ficou perturbado em seu espírito e declarou abertamente: Em verdade, em verdade vos digo: um de vós me há de trair!... Os discípulos olhavam uns para os outros, sem saber de quem falava. Um dos discípulos, a quem Jesus amava, estava à mesa reclinado ao peito de Jesus. Simão Pedro acenou-lhe para dizer-lhe: Dize-nos, de quem é que ele fala.

Reclinando-se este mesmo discípulo sobre o peito de Jesus, interrogou-o: Senhor, quem é? Jesus respondeu: É aquele a quem eu der o pão embebido. Em seguida, molhou o pão e deu-o a Judas, filho de Simão Iscariotes. Logo que ele o engoliu, Satanás entrou nele. Jesus disse--lhe, então: O que queres fazer, faze-o depressa. Mas ninguém dos que estavam à mesa soube por que motivo lho dissera. Pois, como Judas tinha a bolsa, pensavam alguns que Jesus lhe falava: Compra aquilo de que temos necessidade para a festa. Ou: Dá alguma coisa aos pobres.

Tendo Judas recebido o bocado de pão, apressou-se em sair. E era noite... Logo que Judas saiu, Jesus disse: Agora é glorificado o Filho do Homem, e Deus é glorificado nele. Se Deus foi glorificado nele, também Deus o glorificará em si mesmo, e o glorificará em breve" (Jo 13,21-32).

Jesus começa a entrega de seus "bens e valores terrenos" por Seus amigos discípulos, a começar por Judas, que O trairia. Logo em seguida, Ele entregará o seu grande amigo Pedro, que ainda promete dar sua vida por Ele, mas Jesus, sabendo de sua fragilidade humana, também entrega esse discípulo, que logo mais, ainda na madrugada, o negaria por três vezes. Jesus predisse isso a Pedro da seguinte forma:

"Perguntou-lhe Simão Pedro: Senhor, para onde vais? Jesus respondeu-lhe: Para onde vou, não podes seguir-me agora, mas seguir-me-ás mais tarde. Pedro tornou a perguntar: Senhor, por que te não posso seguir agora? Darei a minha vida por ti! Respondeu-lhe Jesus: Darás a tua vida por mim!... Em verdade, em verdade te digo: não cantará o galo até que me negues três vezes" (Jo 13,36-38).

Depois de entregar os amigos muito próximos que o acompanharam por três anos, Ele vai entregar o seu natural direito de Se defender, deixando-Se levar pacificamente pelos guardas que vieram buscá-lo, não permitindo nem mesmo a Pedro que o defendesse, como narra São João em seu evangelho:

"Depois dessas palavras, Jesus saiu com os seus discípulos para além da torrente de Cedron, onde havia um jardim, no qual entrou com os seus discípulos. Judas, o traidor, conhecia também aquele lugar, porque Jesus ia frequentemente para lá com os seus discípulos. Tomou então Judas a coorte e os guardas de serviço dos pontífices e dos fariseus, e chegaram ali com lanternas, tochas e armas.

Como Jesus soubesse tudo o que havia de lhe acontecer, adiantou-se e perguntou-lhes: A quem buscais? Responderam: A Jesus de Nazaré. Sou eu, disse-lhes. (Também Judas, o traidor, estava com eles.) Quando lhes disse Sou eu, recuaram e caíram por terra. Perguntou-lhes ele, pela segunda vez: A quem buscais? Disseram: A Jesus de Nazaré. Replicou Jesus: Já vos disse que sou eu. Se é, pois, a mim que buscais, deixai ir estes.

Assim se cumpriu a palavra que disse: Dos que me deste não perdi nenhum (Jo 17,12). Simão Pedro, que tinha uma espada, puxou dela e feriu o servo do sumo sacerdote, lhe decepando a orelha direita. (O servo chamava-se Malco.) Mas Jesus disse a Pedro: Enfia a tua espada na bainha! Não hei de beber eu o cálice que o Pai me deu? Então a coorte, o tribuno e os guardas dos judeus prenderam Jesus e o ataram" (Jo 18,1-12).

Jesus abre mão de Seu direito à defesa, entregando-Se passivamente aos guardas e rumando de maneira pacífica (como um cordeiro a ser imolado) para o Seu julgamento iníquo, começando pelo sacerdote Anás, que o envia ao Sumo Sacerdote Caifás, que, por sua vez, O manda para Pôncio Pilatos, que, depois de interrogá-lo e não encontrar Nele crime algum, sai e conversa com os sacerdotes e com o povo que já havia se aglomerado em frente ao Palácio. Pilatos, percebendo Sua inocência, quer libertar Jesus, como narra João:

"Falando isso, Pilatos saiu de novo, foi ter com os judeus e disse-lhes: Não acho nele crime algum. Mas é costume entre vós que pela Páscoa vos solte um preso. Quereis, pois, que vos solte o rei dos judeus? Então todos gritaram novamente e disseram: Não! A este não! Mas a Barrabás! (Barrabás era um salteador.) Pilatos mandou então flagelar Jesus. Os soldados teceram de espinhos uma coroa e puseram-lha sobre a cabeça e cobriram-no com um manto de púrpura. Aproximavam-se dele e diziam: Salve, rei dos judeus! E davam-lhe bofetadas.

Pilatos saiu outra vez e disse-lhes: Eis que vo-lo trago fora, para que saibais que não acho nele nenhum moti-

vo de acusação. Apareceu então Jesus, trazendo a coroa de espinhos e o manto de púrpura. Pilatos disse: Eis o homem! Quando os pontífices e os guardas o viram, gritaram: Crucifica-o! Crucifica-o! Falou-lhes Pilatos: Tomai-o vós e crucificai-o, pois, eu não acho nele culpa alguma. Responderam-lhe os judeus: Nós temos uma lei, e segundo essa lei ele deve morrer, porque se declarou Filho de Deus.

Estas palavras impressionaram Pilatos. Entrou novamente no pretório e perguntou a Jesus: De onde és tu? Mas Jesus não lhe respondeu. Pilatos então lhe disse: Tu não me respondes? Não sabes que tenho poder para te soltar e para te crucificar? Respondeu Jesus: Não terias poder algum sobre mim, se de cima não te fora dado. Por isso, quem me entregou a ti tem pecado maior. Desde então Pilatos procurava soltá-lo" (Jo 18,38-40.19,1-12).

Mais uma vez, Jesus abre mão de Seu direito à liberdade oferecida por Pilatos para cumprir o que era a Vontade de Seu Pai, por isso Ele vai entregando tudo, até mesmo os Seus direitos e mesmo a Sua dignidade humana, permitindo-Se ser humilhado e flagelado publicamente. Não conseguindo convencer os sacerdotes e o povo por esses incitado, Pilatos, mesmo contra a sua vontade, manda crucificar Jesus.

Na cruz, Jesus irá entregar o único bem material que ainda Lhe restava, as vestes que cobriam o Seu corpo. A túnica foi sorteada entre os soldados, como lemos no Evangelho de São João:

"Depois de os soldados crucificarem Jesus, tomaram as suas vestes e fizeram delas quatro partes, uma para cada

soldado. A túnica, porém, toda tecida de alto a baixo, não tinha costura. Disseram, pois, uns aos outros: Não a rasguemos, mas deitemos sorte sobre ela, para ver de quem será. Assim se cumpria a Escritura: Repartiram entre si as minhas vestes e deitaram sorte sobre a minha túnica (Sl 21,19). Isso fizeram os soldados" (Jo 19,23-24).

Entretanto, havia ainda um bem muito precioso que Deus Pai lhe dera e que estava próximo Dele, aos pés da Cruz, sofrendo por Suas dores: Maria, a Sua mãe. Jesus, abrindo mão de tudo, também a confia a João, o único discípulo que permaneceu com Ele até o fim. João, nesse momento, representa toda a humanidade, da qual Maria se torna a mãe celeste. João narra assim essa derradeira entrega de Jesus:

"Junto à cruz de Jesus estavam de pé sua mãe, a irmã de sua mãe, Maria, mulher de Cléofas, e Maria Madalena. Quando Jesus viu sua mãe e perto dela o discípulo que amava, disse à sua mãe: Mulher, eis aí teu filho. Depois disse ao discípulo: Eis aí tua mãe. E dessa hora em diante o discípulo a levou para a sua casa" (Jo 19,25-27).

Tendo entregue tudo o que era Seu, Jesus, por fim, entrega o Seu Espírito ao Pai e expira, como nos narra São Lucas:

"Era quase a hora sexta e em toda a terra houve trevas até a hora nona. Escureceu-se o sol e o véu do templo rasgou-se pelo meio. Jesus deu então um grande brado e disse: Pai, nas tuas mãos entrego o meu espírito. E, dizendo isso, expirou" (Lc 23,44-46).

Jesus, antes de voltar ao Pai, entregou passivamente tudo o que era Seu, desapegando-Se inclusive de Sua amada Mãe Maria, para que aprendamos com Ele a não nos apegarmos absolutamente a nada nesta nossa jornada terrena. A oração de entrega é um "exercício" essencial, para nos desapegarmos dos bens e valores terrenos, gradativamente, almejando e buscando desde já os bens celestes. Bens que Jesus nos ensinou a desejarmos e a buscarmos, ao nos dizer:

> *"Não vos aflijais, nem digais: Que comeremos? Que beberemos? Com que nos vestiremos? São os pagãos que se preocupam com tudo isso. Ora, vosso Pai Celeste sabe que necessitais de tudo isso. Buscai em primeiro lugar o Reino de Deus e a sua justiça e todas estas coisas vos serão dadas por acréscimo. Não vos preocupeis, pois, com o dia de amanhã: o dia de amanhã terá as suas preocupações próprias. A cada dia basta o seu cuidado" (Mt 6,31-34).*

Os múltiplos benefícios de nossa oração de entrega

Se por um lado a oração de entrega nos ensina a nos desapegarmos das coisas terrenas, por outro, como nos aconselha Jesus, ela nos ajuda a afastarmos de nosso coração as preocupações, maléficas e indesejáveis, que ocupam os nossos pensamentos com coisas nefastas, de um futuro incerto (como os temores sobre coisas e fatos que, como vimos, quase nunca acontecerão). Ao mesmo tempo, essa modalidade de oração ainda exercita a nossa fé, dom precioso que nos dá a certeza das coisas boas e benéficas que o futuro tem reservado para nós, graças a Deus!

Diante de tantos benefícios, convém que pratiquemos, todos os dias, a oração de entrega, compreendendo que tudo o que temos ou tudo o que somos, nós o temos e o somos graças a Deus! Por isso não devemos nos apegar a nada, nem mesmo à nossa própria vida, pois neste mundo somos apenas peregrinos e a nossa pátria definitiva é o céu, como nos garante São Paulo em sua carta aos primeiros cristãos que viviam em Filipos: *"Nós, porém, somos cidadãos do céu" (Fp 3,20).* Cidadania é pertença, é direito que recebemos de Deus!

CAPÍTULO 18

ORAÇÃO DE INTERCESSÃO

A oração de intercessão é aquela modalidade de prece que nos liberta de nós mesmos e nos abre às necessidades do próximo, por quem nos propomos a rezar. Ela se enquadra, rigorosamente, dentro dos múltiplos desdobramentos do grande mandamento de Jesus: *Amar o próximo como a si mesmo*. É um gesto de misericórdia, pois não vê e nem mesmo julga os méritos ou deméritos do próximo, mas passa por cima de suas misérias para, com amor e compaixão, assumir as suas dores e pedir, intensa e incessantemente, a Deus por seu alívio ou por sua salvação, como se fosse um benefício para si.

Entretanto, se nós não sentirmos um amor sincero e profundo pela pessoa pela qual estamos intercedendo, a nossa oração intercessora não produzirá os benéficos efeitos necessários. Santa Teresa de Calcutá dizia que, antes de estendermos a mão na direção do pobre, precisamos escancarar-lhe o nosso coração, amando-o intensamente, pois o amor é que nos abrirá para a verdadeira caridade. Interceder por alguém significa colocar-se entre o céu e a terra, entre Deus e a humanidade, como um mediador, pedindo, fervorosa e insistentemente, para que haja uma intervenção divina em determinadas situações difíceis ou desfavoráveis.

Chegamos, muitas vezes, a experimentar as dores, os sofrimentos e as angústias daqueles pelos quais estamos intercedendo, tão grande é o nosso envolvimento espiritual com eles, por isso a necessidade de amá-los verdadeiramente.

A intercessão pelos falecidos

Na Santa Missa, o sacerdote faz uma oração de intercessão, por toda a humanidade junto a Deus, na presença do Corpo e do Sangue de Jesus, logo após a consagração do pão e do vinho. Ele inicia essa prece por toda a Igreja, citando o papa, o bispo local, se referindo ao clero e a todo povo em geral, não se esquecendo de nos lembrar de nossos irmãos que já se foram e que estão à espera do ato final da misericórdia divina, recebendo-os definitivamente em seu Reino celeste.

É comprovado por meio da Bíblia que a intercessão pelos falecidos já era uma prática no judaísmo, de onde nasceu o Cristianismo. No Antigo Testamento, no segundo livro dos Macabeus, escrito por volta do ano 100 a.C., nos deparamos com um importante líder da época: Judas, um piedoso judeu, líder de um exército que lutava para que seu povo não profanasse a sua fé no Judaísmo, deixando-se seduzir pelas muitas idolatrias vigentes.

Nesse livro, encontramos a seguinte passagem, envolvendo Judas e os seus companheiros, que nos mostra claramente a salutar e correta intenção de rezarmos pelos mortos:

> *"No dia seguinte, Judas e seus companheiros foram tirar os corpos dos mortos, como era necessário, para depô-los*

na sepultura ao lado de seus pais. Ora, sob a túnica de cada um encontraram objetos consagrados aos ídolos de Jânia, proibidos aos judeus pela lei: todos, pois, reconheceram que fora essa a causa de sua morte. Bendisseram, pois, a mão do justo juiz, o Senhor, que faz aparecer as coisas ocultas, e puseram-se em oração, para implorar-lhe o perdão completo do pecado cometido.

O nobre Judas falou à multidão, exortando-a a evitar qualquer transgressão, ao ver diante dos olhos o mal que havia sucedido aos que foram mortos por causa dos pecados. Em seguida, fez uma coleta, enviando a Jerusalém cerca de dez mil dracmas, para que se oferecesse um sacrifício pelos pecados: belo e santo modo de agir, decorrente de sua crença na ressurreição, porque, se ele não julgasse que os mortos ressuscitariam, teria sido vão e supérfluo rezar por eles.

Mas, se ele acreditava que uma bela recompensa aguarda os que morrem piedosamente, era esse um bom e religioso pensamento; eis por que ele pediu um sacrifício expiatório para que os mortos fossem livres de suas faltas" (II Mac 12,39-46).

O texto bíblico acima fundamenta a nossa certeza de que podemos e devemos sempre interceder por nossos entes queridos já falecidos. É um gesto de amor a eles, de súplica a Deus e de confiança e certeza em Sua infinita Misericórdia. Nossos irmãos falecidos não estão mortos. Aqueles que se purificam para chegarem ao encontro com Deus se beneficiam das nossas preces. Os que estão no céu intercedem por nós junto a Jesus. Jesus também nos confirma textualmente que todos os que moram no céu estão vivos, pois assim Ele nos disse, de acordo com o Evangelho de Lucas:

"Por outra parte, que os mortos hão de ressuscitar é o que Moisés revelou na passagem da sarça ardente (Ex 3,6), chamando ao Senhor: Deus de Abraão, Deus de Isaac, Deus de Jacó. Ora, Deus não é Deus dos mortos, mas dos vivos, porque todos vivem para Ele!" (Lc 20,37-38).

Jesus afirma isso porque, quando Moisés esteve na presença de Deus no Monte Horeb, diante da sarça ardente, os seus antepassados Abraão, Isaac e Jacó já haviam falecido. Se Deus se identifica a Moisés como sendo o Deus desses antepassados, logo, eles estão vivos e ressuscitados, assim como todos os nossos entes queridos que já faleceram e lá estão, como nos ensina Jesus: *Deus é Deus dos vivos, e não dos mortos*. Logo, se eles estão vivos, há sentido em intercedermos por eles e deles recebermos as suas intercessões celestes.

Os muitos benefícios da oração de intercessão

A oração de intercessão nos coloca como um canal entre Deus e a pessoa por quem intercedemos. Essa atitude de abandono de nossas próprias intenções e necessidades pessoais, pedindo benefícios e graças por outros menos favorecidos, agrada a Deus e nos faz também pessoas beneficiadas por Ele. Jesus é o nosso eterno intercessor junto ao Pai. Em sua breve passagem pela terra, Ele, conforme os relatos dos evangelistas, inúmeras vezes orou nesse sentido, nas mais diversas circunstâncias, pelos doentes, necessitados, possessos, deficientes, aflitos, pecadores e todos os demais que encontrou pelo caminho.

Uma das mais consoladoras orações de Jesus por aqueles que creem em Sua Palavra deixada aos Apóstolos, Seus diretos e naturais sucessores, está no Evangelho de João e diz: *"Não rogo somente por eles, mas também por aqueles que por sua palavra hão de crer em mim" (Jo 17,20).* Aqueles a quem Ele se refere somos nós hoje: você, eu e todos os demais cristãos que, por meio da palavra dos apóstolos e discípulos, narrada no Novo Testamento, cremos verdadeiramente que Ele ressuscitou para que nós também um dia ressuscitemos!

Por isso a nossa Igreja se identifica como Católica (que significa universal), Apostólica (porque se fundamenta no testemunho dos Apóstolos) e Romana (porque sua sede está situada na cidade de Roma, na Itália). Em nossas orações diárias, devemos sempre nos lembrar de pedir também por nossos outros irmãos, preferencialmente, por aqueles que nem conhecemos muito bem e que não fazem parte de nossa família, nem do nosso círculo de amizades. Assim nos orientou Jesus quanto a isso:

> *"Quando deres alguma ceia, não convides os teus amigos, nem teus irmãos, nem os parentes, nem os vizinhos ricos. Porque, por sua vez, eles te convidarão e assim te retribuirão. Mas, quando deres uma ceia, convida os pobres, os aleijados, os coxos e os cegos. Serás feliz porque eles não têm com que te retribuir, mas ser-te-á retribuído na ressurreição dos justos" (Lc 14,12-14).*

Podemos interpretar claramente essa orientação de Jesus em muitos sentidos, principalmente naquilo que diz respeito à nossa intercessão uns pelos outros. Quando intercedemos por aqueles que não conhecemos e que nem imaginam que nós estamos pedindo por eles, estamos praticando fielmente o que Jesus nos ensina, pois eles não terão como nos retribuir em orações ou gratidão. Entretanto, no céu, esses nossos gestos de amor, desprendidos e sem interesse, serão devidamente reconhecidos por Deus Pai, que nos retribuirá regiamente.

Assim, tenhamos a certeza de que o bem que pedirmos e implorarmos em nossas sinceras orações de intercessão por essas pessoas miseráveis (desconhecidas nossas), que não têm a quem recorrer, nem mesmo condições de nos retribuir por esse ato de amor e misericórdia, nos será centuplamente devolvido pelo próprio Deus, que do alto de Sua infinita Sabedoria tudo vê e tudo registra em Seu boníssimo coração.

Geralmente só pensamos em nós mesmos e em nossos problemas, sem percebermos que ao nosso lado existem milhares de filhos e filhas de Deus que necessitam de alívio e refrigério para seus terríveis males, muito piores do que os nossos pequeninos problemas ou sofrimentos. A oração de intercessão abre a nossa mente e o nosso coração para o próximo, fazendo-nos ver a necessidade de sermos realmente irmãos, solidários.

A oração de intercessão nas missas

Durante as missas, no momento das preces comunitárias, deixamos de lado as nossas intenções pessoais e particulares, para pedirmos pela comunidade, pelos necessitados e pelos excluídos. O Pai-nosso é uma oração de intercessão porque pede tudo no plural: *Venha a nós o vosso Reino; o pão nosso de cada dia nos daí hoje; perdoai as nossas ofensas, não nos deixeis cair em tentação, livrai-nos do mal,* além de nos dirigirmos ao Pai Nosso e não ao meu Pai...

São Paulo na carta aos Filipenses nos exorta: *"Intensificai as vossas invocações e súplicas. Orai em toda circunstância, pelo Espírito, no qual perseverai em intensa vigília de súplica por todos os cristãos" (Fil 6,18).*

Devemos perseverar em *intensa vigília de súplica por todos os cristãos*, sem exceção, demonstrando a Deus a nossa abertura e a nossa generosidade de coração, dedicando parte de nosso precioso tempo de oração para perdir-Lhe pelos seus filhos menos favorecidos no mundo.

São Pedro, ao fim de sua vida terrena, deixa-nos duas cartas com sábios ensinamentos. Um dos assuntos que ele comenta é exatamente sobre o sofrimento de todos os cristãos (por quem devemos sempre orar) pelo mundo afora, ao escrever:

> *"Sede sóbrios e vigiai. Vosso adversário, o demônio, anda ao redor de vós como o leão que ruge, buscando a quem devorar. Resisti-lhe fortes na fé. Vós sabeis que os vossos irmãos, que estão espalhados pelo mundo, sofrem os mesmos padecimentos que vós" (I Pd 5,8-9).*

Os santos e santas, os nossos eternos intercessores no céu

Jesus é o modelo de todos os nossos intercessores, os santos católicos, que, como já explicamos antes, só foram considerados, e oficialmente declarados, santos ou santas, tendo os seus nomes inscritos num documento oficial da Igreja Católica denominado Cânon (daí a origem do termo canonizados), por seguirem fielmente o modelo de Jesus. Por essa razão, eles são também nossos intercessores no céu.

Maria é a nossa maior intercessora junto a Jesus e, já aqui na terra, iniciou a sua missão pela humanidade, conforme podemos perceber no episódio das Bodas de Caná:

> *"Celebravam-se bodas em Caná da Galileia, e achava-se ali a mãe de Jesus. Também foram convidados Jesus e os seus discípulos. Como viesse a faltar vinho, a mãe de Jesus disse-lhe: Eles já não têm vinho. Respondeu-lhe Jesus: Mulher, isso compete a nós? Minha hora ainda não chegou. Disse, então, sua mãe aos serventes: Fazei o que ele vos disser.*
>
> *Ora, achavam-se ali seis talhas de pedra para as purificações dos judeus, que continham cada qual duas ou três medidas. Jesus ordena-lhes: Enchei as talhas de água. Eles encheram-nas até em cima. Tirai agora, disse-lhes Jesus, e levai ao chefe dos serventes. E levaram.*
>
> *Logo que o chefe dos serventes provou da água tornada vinho, não sabendo de onde era (se bem que o soubessem os serventes, pois tinham tirado a água), chamou o noivo e disse-lhe: É costume servir primeiro o vinho bom e, depois, quando os convidados já estão quase embriagados, servir o menos bom. Mas tu guardaste o vinho melhor até agora.*
>
> *Este foi o primeiro milagre de Jesus; realizou-o em Caná da Galileia. Manifestou a sua glória, e os seus discípulos creram nele" (Jo 2,1-11).*

Os santos, a exemplo de Maria, dizem o mesmo que ela disse aos serventes, que estavam atônitos e sem saber o que fazer: *Fazei o que ele vos disser.* Ao intercedermos por outras pessoas, é necessário, sempre que possível, que também as orientemos a *"fazerem o que Jesus lhes disser"*, ou seja, que as aconselhemos a seguirem os conselhos, os mandamentos, ensinamentos e os exemplos de Jesus.

É oportuno sempre nos lembrarmos daquela passagem que se encontra no Evangelho de São João, sobre a mulher adúltera que foi levada, pelos escribas e fariseus, para Jesus "julgar" e condenar. João assim narra esse fato:

> *"Os escribas e os fariseus trouxeram-lhe uma mulher que fora apanhada em adultério. Puseram-na no meio da multidão e disseram a Jesus: Mestre, agora mesmo esta mulher foi apanhada em adultério. Moisés mandou na lei que apedrejássemos tais mulheres. Que dizes tu a isso? Perguntavam-lhe a fim de pô-lo à prova e poderem acusá-lo.*
>
> *Jesus, porém, se inclinou para frente e escrevia com o dedo na terra. Como eles insistissem, ergueu-se e disse--lhes: Quem de vós estiver sem pecado, seja o primeiro a atirar-lhe uma pedra. Inclinando-se novamente, escrevia na terra. A essas palavras, sentindo-se acusados pela sua própria consciência eles foram se retirando, um por um, até o último, a começar pelos mais idosos, de sorte que Jesus ficou sozinho com a mulher diante dele.*
>
> *Então, Ele se ergueu e vendo ali apenas a mulher, perguntou-lhe: Mulher onde estão os que te acusavam? Ninguém te condenou? Respondeu ela: Ninguém Senhor. Disse-lhe então Jesus: Nem eu te condeno. Vai e não tornes a pecar!" (Jo 8,3-11).*

Nem eu te condeno. Vai e não tornes a pecar! Essa frase de Jesus à mulher adúltera nos dá a chave para nortearmos a nossa conduta diante das pessoas pelas quais possamos estar intercedendo. Devemos orar por elas indistintamente, e não as julgar, muito menos condená-las, a exemplo de Jesus. Porém, como fez o Mestre com essa mulher adúltera por Ele absolvida, devemos assim orientá-las: Vá e não peques mais, pois este é ensinamento de Jesus: buscar sempre uma vida livre de pecados, tendo como meta a nossa santidade ainda nesta vida.

CAPÍTULO 19

ORAÇÃO DE SÚPLICA

A oração de súplica é aquela que dirigimos a Deus, apresentando-Lhe as nossas dificuldades, as nossas aflições, os nossos temores, as nossas necessidades, os nossos desejos, as nossas vontades, expectativas e tudo mais que esperamos alcançar. Naquelas situações ou circunstâncias desfavoráveis em que possamos nos encontrar contamos com a ajuda de Deus ou de Sua direta e extraordinária intervenção. A súplica é, acima de tudo, a oração do crente, das pessoas de fé, que acreditam no poder de Deus; ou, então, das pessoas realmente necessitadas, perturbadas e desesperadas, que esperam encontrar uma rápida solução para os seus problemas: incômodos, angustiantes e aflitivos.

O que nos leva realmente a orar com maior frequência são as nossas necessidades e as nossas dificuldades pessoais. Na maioria das vezes, só recorremos com maior intensidade a Deus quando a dor, o perigo, a morte, as provações e os imprevistos surgem, inesperadamente, em nossa vida ou na vida de nossos entes queridos, tirando a nossa paz, ameaçando a nossa segurança, perturbando o nosso sossego e a nossa tranquilidade, e, muitas vezes, nos desalojando de nosso conforto e de nossa comodidade, física ou espiritual. Como dizem hoje, quando saímos de nossa zona de conforto!

Entretanto, nem mesmo por isso as orações de súplica têm menos valor do que as outras ou então deixarão de ser atendidas por Deus. Voltamos a discernir apenas para que fiquemos atentos ao que já foi exposto anteriormente no capítulo 5 – "A eficácia da oração, como alcançá-la?". O que realmente compete a Deus (e não depende em nada mais de nós); o que depende exclusivamente de nós realizarmos, com os dons e talentos que Ele mesmo nos conferiu, e o que depende da ação de ambas as partes, a nossa e a que compete a Deus, nos abrindo a porta onde estamos incessantemente batendo. Esse discernimento é essencial em nossas súplicas a Deus.

Lembremo-nos sempre, em todas as modalidades de oração, a exemplo do que Jesus nos ensinou e colocou em prática no momento mais difícil de Sua vida terrena, podemos pedir a Deus Pai o que necessitarmos, mas sempre colocarmos ao término de nossas preces a frase: *Que seja feita a Sua vontade, Senhor, e não a nossa*. Assim, estaremos orando de maneira correta e eficaz.

A oração de súplica tem muito valor para Deus, porque nos apresenta a Ele totalmente despojados de tudo, e prontos a nos jogarmos em Seus braços para ali encontrarmos repouso para as nossas tribulações. Quando suplicamos, admitimos a nossa incapacidade de agirmos por conta própria, a nossa fragilidade e, por isso, totalmente despojados de orgulho ou, ao menos, com o nosso orgulho muito combalido e ferido. Ora, quando "ferimos" o nosso orgulho, naturalmente o enfraquecemos, abalando os seus fortes alicerces que nos impedem de sermos humildes.

Recordamos aqui o capítulo em que refletimos sobre a importância da humildade em nossas orações e como é difícil desenvolvê-la em nosso coração por causa de nosso orgulho. Logo, ao suplicarmos veementemente a Deus, mostramos a Ele a nossa fragilidade física e espiritual, bem como revelamos a nossa miséria, dizendo-Lhe: "Senhor, eu não sou nada e me sinto totalmente impotente diante desta circunstância desfavorável que ora me apavora e me assusta. Por favor, Senhor, vem em meu auxílio, porque sou pobre e frágil, não conseguindo carregar comigo esse fardo".

Palavras como essas tocam o Boníssimo Coração de Deus, que, com certeza, derramará abundantemente, sobre a vida e os problemas dos suplicantes, Sua Misericórdia. Pense que quando temos dificuldades de suplicar é porque temos entre nós e Deus Pai uma barreira que facilmente podemos identificar como orgulho, considerado como a raiz de muitos de nossos pecados. Outra "armadilha" de Satanás que podemos identificar para nos impedir de orarmos é o que chamamos de "pseudo-humildade". A pseudo-humildade é aquela postura que nos faz pensar que, por causa de nossos muitos pecados, não somos dignos de pedir algo a Deus.

Quem enseja isso, sutilmente, em nossas orações e no íntimo de nosso espírito, é o demônio, que se vale de todas as artimanhas, até mesmo das mais sutis, para que deixemos de rogar a Deus, abandonando a oração. Se realmente estamos afundados em muitos pecados, se estamos feridos e magoados profundamente por tantos motivos, se estamos alimentando a inveja, o rancor e tantas coisas más em nosso coração, quem, em todo o Universo, poderá vir em nosso auxílio? Quem tem o poder de nos libertar de tudo isso a não ser Deus Pai e Sua imensa Misericórdia, capaz de pôr fim ao nosso sofrimento? Diante disso, fuja da armadilha dessa pseudo-humildade, e seja humilde o suficiente para dobrar os joelhos e suplicar a Deus por seus problemas, admitindo ser totalmente incapaz de resolvê-los por si só.

Para concluir, queremos apenas recordar a você que a última oração que Jesus dirigiu a Deus antes de morrer, foi uma prece de súplica, acompanhada de uma dúvida, ou um por quê.

Lemos nos relatos bíblicos que Jesus, já crucificado, se dirige ao Pai intercedendo por seus algozes, como nos relata o Evangelho de Lucas: *"Pai, perdoa-lhes porque não sabem o que fazem" (Lc 23,34)*. Antes de morrer, Ele se entrega ao Pai dizendo: *"Pai, nas tuas mãos entrego o meu espírito" (Lc 23,46)*. Nessas duas preces, Jesus dirige-Se a Deus chamando-O de Pai. Mas quando as Suas forças humanas estavam esgotadas pelos flagelos, pela subida ao Calvário carregando a Sua cruz e por Seu esforço para manter-Se ereto na Cruz, evitando assim ser sufocado, Ele, o Deus Homem, faz agora a sua prece do ponto de vista humano, tratando o Pai por Deus em aramaico, ao exclamar em voz forte: *Eli, Eli lamma sabactáni?* O que traduzido literalmente significa: "*Meu Deus, meu Deus, por que me abandonaste?" (Mt 27,45)*.

Portanto, se o próprio Jesus, que era Deus suplicou a Deus Pai, por que então nós, meras criaturas, não fazemos o mesmo, suplicando a Deus nos momentos de angústia, dor, desconsolo, desespero e outras tantas tribulações que enfrentamos?

CAPÍTULO 20

ORAÇÃO E SANTIDADE, SEGUNDO O PAPA FRANCISCO

O Papa Francisco nos escreve sobre a importância da oração para a santidade de cada filho e filha de Deus.

No dia 4 de abril de 2018, o Papa Francisco publicou uma Exortação Apostólica sob o título: *Gaudete Et Exsultate*, ou "Alegrai-vos e exultai", que é uma convocação mundial a todos os cristãos pela busca da santidade já nesta vida. O papa dedica dez capítulos (do 147 ao 157) dessa belíssima exortação à santidade e à oração, e penso ser muito útil reproduzi-la neste livro, em que tratamos, exatamente, sobre a importância da oração em nossa vida. Transcreverei todos esses capítulos específicos sobre a oração e a santidade, para que vocês leiam atentamente o que o Papa Francisco nos escreve sobre esse tema tão importante para as nossa vida e, particularmente, para a nossa salvação.

EM ORAÇÃO CONSTANTE

147. Por fim, mesmo que pareça óbvio, lembremo-nos de que a santidade é feita de abertura habitual à transcendência, que se expressa na oração e na adoração.

O santo é uma pessoa com espírito orante, que tem necessidade de se comunicar com Deus. É alguém que não suporta asfixiar-se na imanência fechada deste mundo e, no meio dos seus esforços e serviços, suspira por Deus, sai de si erguendo louvores e alarga os seus confins na contemplação do Senhor. Não acredito na santidade sem a oração, embora não se trate necessariamente de longos períodos orantes ou de sentimentos intensos.

148. São João da Cruz recomendava que se procurasse "andar sempre na presença de Deus, seja ela real, imaginada ou unitiva, conforme o permitam as obras que estamos a realizar".[109][3] *No fundo, é o desejo de Deus, que não pode deixar de se manifestar de alguma maneira no meio de nossa vida diária: "procura que a tua oração seja contínua e, no meio dos exercícios corporais, não a deixes. Quando tu comes, bebes, conversas com outros, ou em qualquer outra coisa que faças, sempre deseja a Deus e prende a Ele o teu coração".[110]*

149. Contudo, para que isto se torne possível, são necessários também alguns tempos dedicados somente a Deus, na solidão com Ele. Para Santa Teresa de Ávila, a oração é "uma relação íntima de amizade, permanecendo muitas vezes a sós com Quem sabemos que nos ama".[111] Gostaria de insistir no fato de que isto não é dito apenas para poucos privilegiados, mas para todos, porque "todos nós precisamos deste silêncio repleto de presença adoradora".[112] A oração confiante é uma resposta do coração que se abre a Deus face a face,

3. Todas as referências derivadas desse texto estão ao final da obra.

onde são silenciados todos os rumores para escutar a voz suave do Senhor que ressoa no silêncio.

150. Neste silêncio, é possível discernir, à luz do Espírito, os caminhos de santidade que o Senhor nos propõe. Caso contrário, todas as nossas decisões não passarão de "decorações", que, em vez de exaltar o Evangelho na nossa vida, acabarão por recobri-lo e sufocá-lo. Para todo o discípulo, é indispensável estar com o Mestre, escutá-Lo, aprender Dele, aprender sempre. Se não escutarmos, todas as nossas palavras serão apenas rumores que não servem para nada.

151. Recordemos que "é a contemplação da face de Jesus morto e ressuscitado que recompõe a nossa humanidade, incluindo a que está fragmentada pelo cansaço da vida ou marcada pelo pecado. Não devemos domesticar o poder da face de Cristo".[113] Sendo assim, atrevo-me a perguntar-te: Tens momentos em que te colocas na Sua presença em silêncio, permaneces com Ele sem pressa, e te deixas olhar por Ele? Deixas que o Seu fogo inflame o teu coração?

Se não permites que Jesus alimente nele o calor do amor e da ternura, não terás fogo e, assim, como poderás inflamar o coração dos outros com o teu testemunho e as tuas palavras? E se ainda não consegues, diante do rosto de Cristo, deixar-te curar e transformar-te, então penetra nas entranhas do Senhor, entra nas Suas chagas, porque é nelas que tem a sua sede a misericórdia divina.[114]

152. Peço, porém, que não se entenda o silêncio orante como uma evasão, que nega o mundo que nos rodeia. O "peregrino russo", que caminhava em contínua oração, conta que esta oração não o separava da realidade externa: "quando me encontrava com as pessoas, parecia-me que eram todas tão amáveis como se fossem da minha própria família. [...] E a felicidade não só iluminava o interior da minha alma, mas o próprio mundo exterior aparecia-me sob um aspecto maravilhoso".[115]

153. Nem a própria história desaparece. A oração, precisamente, porque se alimenta do dom de Deus que se derrama na nossa vida, deveria ser sempre rica de memória. A memória das obras de Deus está na base da experiência da aliança entre Deus e o Seu povo. Se Deus quis entrar na história, a oração é tecida de recordações: não só da recordação da Palavra revelada, mas também da vida própria, da vida dos outros, do que o Senhor fez na sua Igreja.

É a memória agradecida de que fala o próprio Santo Inácio de Loyola, na sua "Contemplação para alcançar o amor",[116] quando nos pede para trazer à memória todos os benefícios que recebemos do Senhor. Contempla a tua história quando rezas e, nela, encontrarás tanta misericórdia. Ao mesmo tempo, isto alimentará a tua consciência com a certeza de que o Senhor te conserva na sua memória e nunca te esquece. Consequentemente, tem sentido pedir-Lhe que ilumine até mesmo os pequenos detalhes da tua existência, que não Lhe passam despercebidos.

154. A súplica é a expressão do coração que confia em Deus, pois sabe que sozinho não consegue. Na vida do povo fiel de Deus, encontramos muitas súpli cas cheias de ternura: crente e de profunda confiança. Não desvalorizemos a oração de petição, que tantas vezes nos tranquiliza o coração e ajuda a continuar a lutar com esperança. A súplica de intercessão tem um valor particular, porque é um ato de confiança em Deus e, ao mesmo tempo, uma expressão de amor ao próximo.

Alguns, por preconceitos espiritualistas, pensam que a oração deveria ser uma pura contemplação de Deus, sem distrações, como se os nomes e os rostos dos irmãos fossem um distúrbio a evitarmos. Ao contrário, a verdade é que a oração será mais agradável a Deus e mais santificadora, se nela procurarmos, através da intercessão, viver o duplo mandamento que Jesus nos deixou.

A intercessão expressa o compromisso fraterno com os outros, quando somos capazes de incorporar nela a vida deles, as suas angústias mais inquietantes e os seus melhores sonhos. A quem se entrega generosamente à intercessão, podem-se aplicar estas palavras bíblicas: "Eis o amigo dos seus irmãos, aquele que reza muito pelo povo" (2 Mac 15,14).

155. Se verdadeiramente reconhecemos que Deus existe, não podemos deixar de O adorar, por vezes num silêncio cheio de enlevo, ou de Lhe cantar em festivo louvor. Assim expressamos o que vivia o Beato Carlos Foucauld, quando disse: "Logo que acreditei que Deus existia, compreendi que só podia viver para Ele".[117]

Na própria vida do povo peregrino, há muitos gestos simples de pura adoração, como, por exemplo, quando "o olhar do peregrino pousa sobre uma imagem que simboliza a ternura e a proximidade de Deus. O amor detém-se, contempla o mistério, desfruta dele em silêncio".[118]

156. A leitura orante da Palavra de Deus, "mais doce do que o mel" (Sl 119/118,103) e "espada de dois gumes" (Hb 4,12), consente de nos determos a escutar o Mestre fazendo de Sua Palavra, farol para os nossos passos, luz para o nosso caminho (cf. Sl 119-118,105). Como justamente nos lembraram os Bispos da Índia, "a devoção à Palavra de Deus não é apenas uma dentre muitas devoções, uma coisa bela, mas facultativa. Pertence ao coração e à própria identidade da vida cristã. A Palavra tem em si mesma a força para transformar a vida".[119]

157. O encontro com Jesus nas Escrituras conduz--nos à Eucaristia, onde essa mesma Palavra atinge a sua máxima eficácia, porque é presença real d'Aquele que é a Palavra viva. Lá o único Absoluto recebe a maior adoração que se Lhe possa tributar neste mundo, porque é o próprio Cristo que Se oferece. E, quando O recebemos na Comunhão, renovamos a nossa aliança com Ele e consentimos-Lhe que realize cada vez mais (em nós) a sua obra transformadora.

Esse trecho da belíssima exortação do Papa Francisco enriquece tudo o que já escrevemos neste livro sobre a oração e nos incentiva a praticá-la. Diante disso, coloquemos a oração nas circunstâncias concretas de nossa vida.

Afinal, como diz o título deste livro: Orar é comunicar-se com Deus. Tenhamos a certeza de que Deus é o maior de todos os comunicadores e aguarda ansiosamente que você abra o seu coração para com Ele manter-se em diálogo: permanente e intensamente.

CAPÍTULO ESPECIAL

A BÍBLIA É A FONTE DE TODA COMUNICAÇÃO DIVINA COM A HUMANIDADE

"Toda Escritura é inspirada por Deus!"

(2 Tm 3,16)

Decidi acrescentar ao livro este capítulo sobre a Palavra de Deus por ela ser a fonte e a origem de toda a comunicação Dele com a humanidade. Palavra que, apesar de ser escrita por mãos humanas, é 100% inspirada por Deus, que, valendo-se do Espírito Santo, toca com o Seu dedo divino o espírito humano e, a partir dessa intervenção, como uma radiação, penetra todas as faculdades humanas: a razão, a vontade, a criatividade e, particularmente, o coração! Daí essa inspiração divina se traduzirá em palavras, imagens e conceitos que formam o texto bíblico que hoje temos em mãos e o lemos.

São Pedro, em sua segunda carta aos primeiros cristãos, assim escreve sobre a Palavra divina:

"Antes de tudo, sabei que nenhuma profecia da Escritura é de interpretação pessoal. Porque jamais uma profe-

cia foi proferida por efeito de uma vontade humana. Homens inspirados pelo Espírito Santo falaram da parte de Deus" (2Pd 1,2-21).

Assim podemos afirmar que os textos bíblicos são plenamente divinos e, ao mesmo tempo, plenamente humanos. O Padre Raniero Cantalamessa, pregador oficial da Santa Sé, em seu livro *O mistério da Palavra de Deus*[4] assim se expressa sobre essa divindade e humanidade unidas na Palavra de Deus:

> *"O magistério da Igreja – nas encíclicas Providentissimus Deus, de Leão XIII, e Divino afflante Spiritu, de Pio XII – nos diz que essas duas figuras, divina e humana, foram mantidas intactas. Deus é o autor principal, porque assume a responsabilidade por aquilo que está escrito, determinando-lhe o conteúdo com a ação do seu Espírito; todavia, quanto ao escritor sagrado, também ele é autor, no sentido pleno da palavra, porque colaborou intrinsecamente nesta ação, mediante sua atividade humana normal, que serviu como um instrumento a Deus. Deus – diziam os padres – é como o musicista que faz vibrar as cordas da lira, quando as toca; o som é totalmente obra do musicista, contudo, ele não existiria sem as cordas da lira.*
>
> *Desta obra maravilhosa de Deus, evidenciou-se, geralmente, apenas um único efeito: a infalibilidade bíblica, a saber, o fato de na Bíblia não conter nenhum*

---

4. CANTALAMESSA, Raniero. *O mistério da Palavra de Deus.* São Paulo: Canção Nova, *2011. p.115.*

erro (se entendermos o termo "erro" em seu sentido correto, como ausência de uma verdade humana possível, em determinado contexto cultural e, portanto, exigível da parte de quem escreve). Entretanto, a inspiração bíblica funda mais que a simples inerrância da Palavra de Deus (que é algo negativo); funda, positivamente, sua inexauribilidade, sua força e vitalidade divina e também a que Agostinho denominava a mira profunditas, a maravilhosa profundidade".

Assim, precisamos ter maior intimidade com a Palavra de Deus se quisermos iniciar e ampliar, ao máximo, a nossa comunicação com o Pai, por meio de nossas orações. Tenho comigo que atingiremos um grau satisfatório de comunicação com Ele, quando tivermos uma Experiência de Deus, que se manifestará, de alguma forma, a nós, nos provando assim o Seu amor particular por cada um de Seus filhos e filhas. Uma Experiência de Deus é a nossa meta, quando nos abrimos para nos comunicarmos com Deus, e se temos às mãos a Sua Palavra, não podemos desprezá-la em nossa comunicação com Ele.

Como devemos ler a Bíblia? Por onde começar?

Estas são duas dúvidas muito comuns entre as pessoas, quanto ao início da leitura das Sagradas Escrituras, que foram escritas (ou, inicialmente, transmitidas oralmente) há quatro milênios (aproximadamente) e que foram encerradas há dois milênios. Logo, realmente, apesar de ela ser a Palavra de Deus, a Bíblia, em seus 73 livros contém situações específicas de cada época nela retratada, o que, de certa forma, dificulta, em parte, o leitor iniciante, se não observar algumas orientações básicas que o ajudarão nessa missão.

Orientações básicas para ler com proveito a Bíblia

Por isso, decidimos acrescer a este livro algumas orientações básicas para que possamos tirar proveito maior de nossa leitura bíblica. Uma das dificuldades de muitos fiéis é ler a Bíblia e compreendê-la para colocar em prática os seus ensinamentos, que, como vimos, são provenientes de Deus! Como a Bíblia, na verdade, é um compêndio de documentos e escritos em tempos, momentos e locais diferentes, e ainda foi redigida por inúmeros autores (estima-se 40), fica difícil se tentarmos lê-la como um romance ou como um conto, em que sempre há um início, uma narrativa lógica, um enredo e um final.

Por isso, vou lhe sugerir dicas e orientações para que você, ao ler as Sagradas Escrituras, possa delas apreender o seu sentido, ou, como dizemos, o que está sob as suas palavras, pois a Palavra de Deus é viva, e não letra morta. Viva porque quem as inspirou, aos seus diversos autores em tempos e situações diferentes, foi o Espírito Santo, que, valendo-se de palavras humanas, divinizou-as com o Seu poder, dando-lhes vida e eternidade.

Já que o Espírito Santo é, em síntese, o grande autor das Sagradas Escrituras em seus 73 livros, Ele está vivo e contido nessas palavras, bastando apenas que O percebamos falar a nós nos dias de hoje. A isso chamamos contextualizar o texto bíblico, ou seja, trazê-lo para a nossa realidade, compreendendo o seu teor e aplicando-o à nossa vida. E se entendermos que a Palavra de Deus é viva e o Espírito Santo está presente nela, compreenderemos mais facilmente os textos sagrados e não teremos dificuldades em aplicá-los em nossa vida.

Será o próprio Espírito Santo, presente e vivo na Palavra de Deus, que virá em nosso auxílio, para que compreendamos o que Deus quer nos comunicar durante a leitura dos textos bíblicos. Para isso observe e considere as dicas na sequência.

Dicas iniciais para uma boa leitura Bíblica

1. Sempre que possível, escolha um local tranquilo para uma boa leitura bíblica. O lugar ideal seria numa capela, se possível diante do Sacrário, ou seja, na presença de Jesus Sacramentado. Você assim estaria lendo a Palavra de Deus num local sagrado, onde há uma mística na atmosfera e na presença real de Jesus, vivo e presente no meio de nós. As capelas do Santíssimo Sacramento, praticamente existentes em todas as paróquias, são os locais mais propícios para uma boa e meditada leitura da Palavra de Deus. Entretanto, como nem sempre é possível nos deslocarmos até uma capela, então procure em sua residência, ou em seu local de trabalho (nos intervalos para refeições), um lugar onde haja silêncio e você possa criar um ambiente propício para Deus se manifestar em seu coração, por meio de Sua Santa Palavra.
2. Inicie sempre fazendo uma oração espontânea, pedindo a Deus o Espírito Santo, para que você possa ser por Ele iluminado, orientado e guiado nessa leitura. O Espírito Santo vem em nosso auxílio para nos revelar o que Deus nos quer comunicar através das Sagradas Escrituras.

Jesus mesmo nos garantiu isso quando, ao se despedir dos Seus discípulos e dos Apóstolos, afirmou:

> *"Quando vier o Paráclito, o Espírito da Verdade, ensinar-vos-á toda a verdade, porque não falará por si mesmo, mas dirá o que ouvir, e anunciar-vos-á as coisas que virão" (Jo 16,13).*

O Espírito Santo que inspirou as Sagradas Escrituras está, ao mesmo tempo, nelas contido e, quando invocado, virá em nosso auxílio para nos ajudar a desvendarmos o que Deus quer nos falar naquele momento. Peça sempre o Espírito Santo, na certeza de que Ele nos ouve e imediatamente nos atenderá.

3. Procure tirar de seu coração e de sua mente qualquer resquício de rancor, ira, ódio, vingança ou outro sentimento negativo que possa interferir na ação da Palavra de Deus em sua vida. Para isso é preciso que você peça perdão a Deus se tiver encontrado, em seu coração, algum motivo acima exposto. Clamar a misericórdia divina é um passo fundamental para que possamos "limpar" o nosso coração de coisas que nos perturbem enquanto lemos a Bíblia. Por isso a importância de fazermos um breve e objetivo exame de consciência para vermos se algum pecado está em nós, tentando nos desviar do Caminho para o qual Deus, naquele momento, nos quer conduzir.

Informações básicas

A Bíblia Católica é composta de 73 livros escritos em tempos diferentes, por pessoas diferentes (estima-se em torno de 40 os autores de livros que compõem a Bíblia na versão atual) e em circunstâncias diversas. Calcula-se que ela foi composta durante um período de três a quatro milênios, iniciando-se com uma versão oral, transmitida de boca em boca e de geração a geração: de pai para filhos sucessivamente, pois a criatura humana, no início da elaboração dos textos bíblicos, ainda não havia aprendido a registrar por meio de caracteres, como a escrita, os fatos sucedidos ou notáveis.

Logo, a Bíblia não foi elaborada como um romance ou como outra obra literária de qualquer gênero; obras que têm início, enredo, tramas, suspenses e um fim. Assim você não precisa (e nem deve) iniciar a sua leitura pelo primeiro livro bíblico, o Gênesis, e ir lendo cronologicamente, capítulo por capítulo, até o seu último livro, o Apocalipse, pois, necessariamente, não há uma sequência entre esses livros.

Olhe para a sua Bíblia como você olharia para uma grande biblioteca composta por 73 livros diferentes, mas que têm um tema comum, único e principal: o amor de Deus por você e por todas as criaturas humanas. Amor infinito e incomensurável, descrito e apresentado de maneiras diferentes, de acordo com a cultura, interpretação e as circunstâncias das épocas em que e por quem esse Amor de Deus foi percebido e experimentado.

Pequenas diferenças nos textos de Bíblias de diferentes editoras

As Sagradas Escrituras, inicialmente, foram elaboradas e posteriormente redigidas em hebraico, a língua corrente do povo hebreu, escolhido por Deus para, por meio dele, Se manifestar ao mundo. Tempos depois, com a invasão de outros povos dominando e escravizando os judeus, este povo se dispersou pelo mundo da época e por longo tempo, por sucessivas gerações, ali viveu no exílio. Nesse período muitas famílias judaicas, apesar de não perderem a sua fé em Javé, o Deus único, adotaram muitos hábitos dos povos com os quais conviveram, inclusive o vernáculo.

Com isso, as gerações mais novas deixaram de falar fluentemente ou mesmo ler o hebraico, adotando a língua vigente na época, o grego, fato que forçou-os a traduzirem as Escrituras para essa língua. Essa tradução, ainda apenas dos livros do Antigo Testamento, ocorreu por volta do século III antes do nascimento de Jesus, na cidade de Alexandria, e foi elaborada por 72 sábios. Por essa razão, tal versão foi batizada como Septuaginta ou a Versão dos Setenta. A Bíblia católica tem como referência essa versão grega.

Tempos depois houve a dominação romana que impôs o latim como língua corrente entre os seus dominados. Os escritos sagrados então foram traduzidos para o latim, e até que a nossa atual Bíblia fosse totalmente compilada – e isso se deu por volta do século IV – ela tinha originais em grego, em hebraico e alguns já na língua latina. Por fim, com a adoção da língua latina como o veículo de comunicação da Igreja Católica, ela foi traduzida integralmente para o latim. Posteriormente, para que cada país, com a sua língua natal, pudesse ter acesso às Sagradas Escrituras, a Igreja foi autorizando as versões em diversos outros idiomas: francês, italiano, alemão, inglês etc.

Aqui no Brasil, cada editora buscou um desses originais e o traduziu para o português. Sabemos que as traduções de um idioma para outro são diferentes, nem sempre encontram na língua traduzida um sinônimo perfeitamente adequado, daí surgem essas pequenas diferenças nos textos, mas que não comprometem o sentido da Palavra de Deus.

O Antigo e o Novo Testamento

A palavra Testamento significa Aliança, alianças de Deus com a humanidade. Esta é a grande "divisão" da Bíblia: os livros que fazem parte do Antigo Testamento (que relatam os fatos acontecidos com o povo judeu antes do nascimento de Jesus Cristo) e os livros que compõem o Novo Testamento, que nos revelam fatos da passagem de Jesus por este mundo (narrados nos quatro Evangelhos: de Mateus, de Marcos, de Lucas e de João), além das cartas apostólicas (que são os primeiros documentos escritos do Novo Testamento com orientações e exortações dos discípulos de Jesus, após a Sua Morte, Ressurreição e Ascensão ao Céu) às primeiras comunidades cristãs que estavam sendo formadas a partir dos ensinamentos de Jesus, passados a elas pelos discípulos e testemunhas que conviveram com Jesus, ou com Ele tiveram uma forte e marcante experiência, como São Paulo, autor de 13 cartas apostólicas entre os 27 livros que compõem o Novo Testamento.

Todos os livros da Bíblia foram (posteriormente) divididos em capítulos e versículos, para facilitar a localização de trechos e citações bíblicas. Cada livro, por sua vez, tem uma abreviação, por exemplo: Gênesis: Gn; Isaías: Is; Salmos: Sl, e assim por diante. Nas primeiras páginas da Bíblia você tem todas essas abreviações usadas universalmente. Com o tempo você irá memorizando, naturalmente, as abreviações de cada livro bíblico, bem como a sua localização em sua Bíblia.

Sempre tome conhecimento da introdução da Bíblia antes de começar a lê-la

Toda Bíblia reúne, em suas primeiras páginas diversas informações sobre os livros nela contidos: a ordem alfabética, as abreviaturas dos livros, um resumo de cada livro e as circunstâncias em que eles foram escritos, além de uma breve biografia do autor(a) do livro e outros dados curiosos ou de interesse, como o valor de uma dracma (moeda do tempo de Jesus) nos dias de hoje, ou o peso atual de um talento (medida do tempo de Jesus) etc.

As introduções também trazem mapas da região por onde aconteceram os fatos bíblicos, com as divisões geográficas da época em cidades e regiões (às vezes esses mapas se encontram ao fim da Bíblia), como também um breve dicionário de palavras e os seus significados, o calendário das festas dos judeus citados frequentemente nos livros da Bíblia, e demais informações pertinentes e úteis aos leitores. Por isso eu aconselho sempre aos fiéis que leiam essas introduções, pois elas proporcionam uma melhor compreensão do conteúdo de um dos livros bíblicos.

Notas de rodapé

Da mesma maneira, é importante que você sempre leia as notas bibliográficas que ficam no rodapé das páginas. Cada nota procura esclarecer alguma palavra, termo, citação, ou então fazer uma relação entre fatos do Novo e do Antigo Testamento, mostrando assim uma coerência entre ambos.

Essas notas têm o intuito de ajudar o leitor a se familiarizar com a linguagem bíblica e relacionar os livros bíblicos, confirmando promessas do Antigo Testamento sendo cumpridas no Novo Testamento por Jesus. Muitas delas esclarecem dúvidas que povoam a mente de muitos fiéis, como a passagem que fala dos irmãos e irmãs de Jesus, que, sabemos, foi filho único e não teve irmãos consanguíneos, filhos de Maria. A nota de rodapé, na página do texto em que há essa citação, esclarece objetivamente o que a cultura judaica entende e trata por irmãos e irmãs, por exemplo.

Como iniciar a leitura da Bíblia?

Eu desenvolvi uma metodologia de leitura desde que estudei Teologia e apliquei-a durante anos em Cursos Bíblicos que ministrei para iniciantes, com sucesso. Minha sugestão é a de você começar a leitura da Bíblia pelo livro dos Atos dos Apóstolos, que narra o início do Cristianismo no mundo, logo após a Ascensão de Jesus ao céu. Esse livro foi escrito para complementar o Evangelho de Lucas, considerado por nós como um dos evangelistas mais detalhistas e acurados em suas narrativas. Lucas era médico e por isso tinha a pesquisa como parte de sua vida, já que a Medicina daquele tempo era feita com ervas e elementos químicos encontrados na natureza, como o sal, por exemplo, ou ainda outras substâncias como o azeite, o vinho e o vinagre, que os próprios médicos iam pesquisando e testando em seus doentes.

O estilo de Lucas no livro dos Atos é fluente, gostoso de ler e fácil de compreender. Fundamenta-se basicamente em dois grande "pilares" do Cristianismo: Pedro, a quem Jesus confiou a Sua Igreja, e Paulo, militar graduado que Jesus, numa visão, chamou entre os perseguidores dos cristãos para ser o pregador do Seu Evangelho aos chamados gentios: aqueles que não seguiam o judaísmo, ou seguiam outras religiões ou não seguiam nada, eram simplesmente ateus como muitos hoje ainda o são.

Até o capítulo 9 dos Atos dos Apóstolos, nós vemos Pedro protagonizando os fatos mais relevantes do início do Cristianismo; depois, a partir do nono capítulo, vemos Paulo como protagonista principal da propagação do Cristianismo por toda a região por eles conhecida. Paulo é classificado como o maior de todos os evangelizadores. Graças ao seu empenho e foco na pregação da Boa-Nova de Jesus, o Cristianismo se espalhou pelo mundo da época.

O livro dos Atos dos Apóstolos, como foi dito, é fácil e gostoso de ler porque tem uma sequência lógica e facilmente compreensível. É, ao mesmo tempo, um livro dinâmico cheio de aventuras, suspense, naufrágio, milagres e demais temas que nos prendem a atenção e, nos mostra como o Espírito Santo agiu por meio dos primeiros cristãos, cuja maioria foi martirizada por causa de sua fé em Jesus, para fazer chegar até nós intacta a Sua mensagem e os Seus ensinamentos. Por isso, é imprescindível que você leia o livro dos Atos dos Apóstolos, pois ele retrata o início de nossa caminhada cristã neste mundo. Você deve procurar ler um trecho dele por dia e desse trecho se esforçar para tirar uma mensagem para a sua vida, perguntando-se:

- *O que Deus está querendo me ensinar/me falar, por meio desta passagem?*
- *Que lição eu posso tirar para mim ou para minha vida a partir desta leitura de hoje?*

Aliás, essas duas perguntas pessoais básicas devem sempre ser feitas no íntimo de nosso coração todas as vezes que lermos ou ouvirmos um trecho da Palavra de Deus, pois toda a Palavra, do Gênesis ao Apocalipse, tem uma mensagem específica para cada leitor bíblico. Lembre se de que Deus, acima de tudo, quer falar com você e para você, distintamente! E caso você medite a mesma passagem bíblica, ou o mesmo versículo, em tempos e momentos diferentes de sua vida, verá que em cada um deles o Espírito Santo lhe inspirará uma atitude, ou lhe dará uma palavra de conforto, de esperança ou de confiança a partir do mesmo trecho lido. Esta é a dinâmica da vivacidade da Palavra de Deus, que, como sabemos é viva, e não letra morta.

Outra dica que dou é assinalar, nas margens do texto lido e meditado, a data em que ele foi lido, bem como qual a mensagem que dele foi extraída. Isso irá nos ajudar a "personalizar" a Bíblia, com anotações de experiências pessoais com as Sagradas Escrituras. No futuro, quando meditar novamente o mesmo versículo ou o mesmo texto bíblico, será possível ver que Deus, por meio do Espírito Santo, estará falando outras coisas, apesar de o texto ser o mesmo. Daí, anotamos novamente, abaixo do que foi escrito no passado, a nova data e a nova mensagem que aquelas palavras trouxeram ao seu coração. Façamos isso e veremos que realmente a Palavra de Deus tem vida própria!

Sequência

À medida que avançamos na leitura dos Atos dos Apóstolos, perceberemos, por exemplo, que Paulo em suas viagens chegará até a cidade de Filipos (comunidade para a qual ele, posteriormente, escreveu uma carta com orientações específicas ou exortações, depois de converter ali um grupo de fiéis, iniciando assim as primeiras comunidades cristãs).

Essa carta é uma das Epístolas Católicas chamada Carta (ou epístola) aos Filipenses.

Para se ter uma visão maior do trabalho e das dificuldades de Paulo na evangelização dos pagãos, podemos interromper a leitura no livro do Atos dos Apóstolos, marcar onde paramos, e iniciar a leitura da Carta aos Filipenses, na qual perceberemos a atuação de Paulo, que, com o poder do Espírito Santo, converteu inúmeros filipenses.

Depois de concluir a leitura dessa Carta, é possível retomar o livro dos Atos. Quando encontrarmos no texto novamente outra cidade que Paulo evangelizou (e para a qual ele posteriormente enviou uma carta), façamos o mesmo, até concluir a leitura de todo o livro dos Atos. Assim, naturalmente, relacionar os textos bíblicos e compreender sua sequência natural, além de nos familiarizar com os diversos estilos literários bíblicos, diferentes dos atuais.

Concluída a leitura do livro dos Atos, sugiro que seja lido o Evangelho de São Lucas, que foi o autor do livro dos Atos dos Apóstolos, que, na realidade, é uma sequência de seu Evangelho. Assim, é possível adquirir a familiaridade com o estilo de Lucas, que, por sua vez, é o evangelista que narra os fatos bíblicos com maiores detalhes do que os outros evangelistas, tendo sempre o cuidado de se questionar, com as perguntas que foram sugeridas anteriormente, sempre que ler um trecho bíblico: *O que Deus quer falar para mim hoje por meio desta passagem bíblica?*

Alternância de leitura dos livros da Bíblia

Daí em diante, já mais familiarizados com a Palavra de Deus, passamos a alternar os livros lendo a Carta aos Romanos (que se encontra logo após o livro dos Atos) e, em seguida, o Evangelho de São Mateus (no qual será observado que ele tem como objetivo converter os judeus ao cristianismo, por isso usará muitas passagens e fatos narrados no Antigo Testamento que, para os judeus, constituíam a Palavra de Deus). Depois leia a Carta aos Hebreus (autor desconhecido, mas provavelmente de um discípulo de Paulo, ou, para alguns teólogos no passado, o próprio Paulo), que tem o mesmo objetivo de Mateus: convencer os judeus de que Jesus é o Messias que eles aguardavam.

Em seguida, passamos ao Evangelho de Marcos, que tem como objetivo principal mostrar a divindade de Jesus por meio de milagres, libertações e demais fatos extraordinários do Mestre. O Evangelho de São Marcos é considerado pelos estudiosos como o primeiro dos Evangelhos a ser escrito, e o de João, o último deles. Concluído esse Evangelho de Marcos, conheçamos as duas Cartas de São Paulo aos Coríntios, ambas repletas de grandes ensinamentos de Paulo, sempre fundamentados nos Evangelhos.

Assim, estaremos aptos para ler o belíssimo Evangelho de João (que, por ser o mais jovem discípulo de Jesus, foi quem mais Dele aprendeu a lição do amor). João é o evangelista que, como nenhum outro, nos apresenta o Deus Amor, o Deus Misericórdia. Um evangelho marcante com grandes e longos discursos e pregações de Jesus. É certo que vai gostar tanto que, depois de lê-lo, aconselho a ler logo na sequência as suas três cartas, as quais, apesar de curtas, são muito profundas.

Concluamos a leitura do Novo Testamento lendo as duas cartas de Pedro, a carta de Tiago e todas as outras epístolas, na sequência que lhe convier. Ao todo serão 27 livros lidos no Novo Testamento. A leitura dos livros do Novo

Testamento deixará você bem informado sobre os ensinamentos de Jesus, que são totalmente coerentes com os Dez Mandamentos e outras orientações divinas que estão nos livros do Antigo Testamento, cujo sentido dos fatos ali narrados por seus autores, agora, você estará em condições de ler e compreender mais.

Passando ao Antigo Testamento

Depois de ler e meditar o Novo Testamento em todos os seus livros, passamos para o Antigo, iniciando pelo livro dos Salmos, que são 150 poemas maravilhosos que nos tocam o coração. É indicado ler um Salmo por dia (no caso dos maiores, divida-os em vários dias), nunca esquecendo da preparação sugerida sempre no início da leitura e das perguntas pessoais ao final.

Depois, seguir ao livro do Eclesiástico ou identificado como Sirácida em algumas versões (ou traduções) da Bíblia, que é diferente do livro do Eclesiastes. O livro do Eclesiástico é formado de pequenos e densos conselhos que nos ajudarão a compreender o que Deus quer de cada um de nós, uma verdadeira escola de fé. Podemos, diariamente, tirar desse livro uma mensagem, uma orientação ou um ensinamento divino, pois ele é realmente muito objetivo e muito pedagógico, nos facilitando sua compreensão.

Em seguida, o livro da Sabedoria (também escrito como o Eclesiástico, com pequenos e ungidos ensinamentos que pautavam a vida dos judeus tementes a Deus e obedientes aos Seus Mandamentos), o dos Provérbios, o Cântico dos Cânticos (um lindo poema de amor que compara o amor de um amante por sua amada ao amor de Deus pela humanidade), o livro de Jó (que nos apresenta a fidelidade de um homem a Deus, mesmo passando por provações dificílimas) e o Eclesiastes, que nos mostra como nos envolvemos com a vaidade pelas coisas mundanas, materiais e passageiras, nos esquecendo do principal, que é a nossa alma eterna.

No Antigo Testamento há dois livros que eu gosto muito de ler e reler, periodicamente: o de Tobias e o de Josué, pois ambos nos contam histórias de dois grandes protagonistas bíblicos muito fiéis a Deus, apesar de passarem por inúmeras tribulações em suas vidas terrenas. É aconselhável a leitura de ambos, pois nos deixam grandes ensinamentos, 100% aplicáveis à nossa vida hoje.

O princípio de tudo

Agora é possível ler os livros iniciais da Bíblia: Gênesis, Êxodo, Levítico, Números, Deuteronômio e Juízes, que nos contaram a você, de forma poética (como no Gênesis) e na visão dos autores da época, como tudo começou e o início do judaísmo, com a escolha do povo judeu como o povo para quem Deus Se revelaria ao mundo. Contam-nos também como e por que Deus instituiu os Dez Mandamentos.

Na sequência dos 46 livros do Antigo Testamento temos os livros históricos que narram a vida de reis, rainhas, juízes e do tempo dos dois grandes exílios forçados do povo hebreu de suas terras, por causa de invasores, mais fortes e mais numerosos, que lhes tomavam a nação e Jerusalém, a cidade Santa, e ainda por cima os escravizavam. Depois leia os livros que narram a volta desses exílios (Esdras, Neemias, Tobias, Judite, Ester, Macabeus I e II).

Finalmente devemos ler os profetas, que, cada um a seu tempo e ao seu modo (a começar pelo profeta maior Isaías), advertem o povo judeu para que deixem de se desviar dos Mandamentos de Deus e aguardem o cumprimento da promessa: a vinda do Messias, Jesus, que nos é conhecido pela leitura dos Evangelhos e demais livros do Novo Testamento.

Cada um dos profetas tem uma mensagem principal, porém iremos constatar que eles sempre estarão advertindo o povo judeu para que não se afaste de Deus, deixando-se seduzir pelos falsos ídolos que os outros povos adoravam como deuses. Alguns deles fazem advertências sérias, mostrando o desagrado de Deus pelos que O trocavam por esses falsos deuses, apesar de Ele, em inúmeras circunstâncias, lhes ter mostrado o Seu carinho, o Seu amor e a Sua misericórdia, além, naturalmente, do Seu poder em fazer o impossível ou o inimaginável para ajudá-los em tantas tribulações e adversidades pelas quais os seus antepassados passaram.

Por fim, leiamos o livro do Apocalipse (sem uma visão fundamentalista), que se trata de um sonho, uma visão do evangelista João, já no fim de sua vida, vendo os cristãos serem perseguidos e esmagados pelos romanos. Um livro cheio de metáforas e simbolismos para que nele não pudessem ser identificados os perseguidores e algozes dos judeus naquele tempo. Muitos o leem e o interpretam como o fim dos tempos, e, ao perceberem sinais semelhantes aos ali citados, se apavoram. Porém, se for lido com o coração aberto ao Espírito Santo, veremos que este livro apresenta-nos um final feliz para os justos que merecem, por suas lutas e muitos sacrifícios, o seu lugar no céu, ou, como traduz João, a Jerusalém celeste.

Essa é uma proposta de leitura da Bíblia com uma metodologia, de forma que o leitor não se perca, nem se confunda com alguns textos nela narrados. Não há um tempo determinado para cumpri-la, pois, tenho certeza, à medida que você for lendo as Sagradas Escrituras, elas o envolverão de tal modo que a sua atenção e o seu coração ficarão mais tempo detidos em determinado livro, pois lhe encantou, ou então lhe falou de modo mais direto e mais encantador. Diante disso, não tenhamos pressa e deleitemo-nos com a Palavra de Deus, deixando nos envolver por ela.

Afinal, como já escrevi, ela é a fonte e a origem de toda a comunicação de Deus com a criatura humana. Comunicação que se "materializou" na pessoa de Jesus Cristo, o Seu filho único, nascido de Maria, que conviveu cerca de 33 anos conosco, experimentando as nossas limitações e as nossas inúmeras fragilidades (exceto a do pecado), mas, acima de tudo, superando-as uma a uma, mostrando-nos que, como homem carnal, Ele pôde suportar as tentações e os sofrimentos que hoje cada um de nós, por vezes, experimenta em sua caminhada terrestre.

Não há, caríssimos irmãos e irmãs, comunicação mais perfeita com Deus do que a que se manifestou concretamente por meio de Jesus Cristo. Por isso as nossas orações devem sempre passar por Ele, que é o nosso mediador junto a Deus Pai. Aliás, Ele, aqui na terra, em Sua passagem, se identificou plenamente com Deus Pai ao dizer-nos: *"Eu e o Pai somos um" (Jo 10,30)*; ou ainda, como disse ao discípulo Filipe que Lhe pediu para que visse o Pai:

> *"Respondeu Jesus: Há tanto tempo que estou convosco e não me conheceste, Filipe! Aquele que me viu, viu também o Pai. Como, pois, dizes: Mostra-nos o Pai... Não credes que estou no Pai, e que o Pai está em mim? As palavras que vos digo não as digo de mim mesmo; mas o*

Pai, que permanece em mim, é que realiza as suas próprias obras. Crede-me: estou no Pai, e o Pai em mim. Crede-o ao menos por causa destas obras" (Jo 14,9-11).

Preste atenção a estas palavras de Jesus:

As palavras que vos digo não as digo de mim mesmo; mas o Pai, que permanece em mim, é que realiza as suas próprias obras. Crede-me: estou no Pai, e o Pai em mim.

Assim, mais uma vez, verificamos que as palavras que Jesus pronunciou enquanto esteve convivendo conosco, e que foram registradas pelos quatro evangelistas, são provenientes de Deus Pai, por isso as identificamos como Palavra de Deus.

Palavra que se comunica conosco por si só, a todo momento que refletirmos sobre ela na Bíblia. Palavra que é oração, resposta, indagação, rumo, bálsamo, luz, Caminho, Verdade e Vida, pois assim mesmo Jesus se identificou: *"Eu sou o Caminho, a Verdade e a Vida" (Jo 14,6)*. Diante disso, devemos nos sentir ainda mais motivados a lê-la e meditá-la, fazendo da Palavra de Deus o nosso ponto de partida para uma perfeita e santa comunicação com o Pai.

Tenhamos certeza de que Ele, o Pai, mais do que ninguém, quer estar em perfeita comunicação conosco em todos os momentos de nossa vida. Ele é o nosso Pai Amoroso, Misericordioso e, acima de tudo, não quer que nenhum de Seus filhos ou filhas perca a sintonia com Ele. Sintonia mantida pela oração, a nossa comunicação com Deus.

POSFÁCIO

EU E O LEIGO

Após o ano litúrgico de 2018, no qual a Igreja esteve voltada atentamente para o laicato, eu e o leigo Kater Filho escrevemos esta obra no intuito de incentivar os nossos leigos e leigas a assumirem, cada vez mais, o processo de evangelização, como verdadeiros discípulos missionários. Todos somos membros do Corpo Místico de Cristo, e os leigos podem atuar como fermento na massa, agindo objetivamente no meio secular, pois a eles competem as atividades temporais. Foi para mim uma interessante e inédita experiência escrever um livro a quatro mãos, juntamente com um leigo, cujo trabalho já conheço há tempos, desde que ele começou a gravar, profissionalmente, as músicas cantadas nos grupos da Renovação Carismática Católica, na série "Louvemos o Senhor", na década de 1980.

Desde 2010, trabalhamos juntos no Instituto Brasileiro de Marketing Católico (IBMC), instituição que atualmente presido. Kater Filho, o diretor executivo, atua como profissional e promove cursos de formação na área de marketing. O IBMC, há mais de duas décadas, realiza anualmente um Encontro Nacional de Marketing Católico, no qual reúne centenas de padres, bispos, leigos e leigas, para lhes mostrar como é possível aliar as técnicas do marketing e, particularmente, da comunicação, à missão de evangelizar os fiéis eficazmente.

Kater Filho, que estudou Teologia para melhor comunicar a Boa-Nova de Jesus, também percorre o país evangelizando e prega em retiros para casais com a sua esposa Alaice, desde 1987. Como leigo missionário e pai de família, dá testemunho dos frutos da experiência com Deus na sua vida. Nós precisamos hoje na Igreja de leigos e leigas, que, dentro das suas atividades seculares, vivam o Evangelho de Jesus Cristo. Por onde passarem ou executarem as suas funções profissionais e ocupacionais, deem o testemunho de uma vida de fé e de oração.

Por meio deste nosso livro, percebi a fecundidade das experiências de um religioso e de um leigo sobre a dinâmica da comunicação com Deus pela oração, com suas respectivas teorias e práticas unidas em uma sinergia positiva. Sempre partindo das dúvidas mais frequentes que pairam sobre a oração, procuramos compartilhar com vocês, leitores e leitoras, as nossas reflexões. Dúvidas corriqueiras e muito comuns a todos podem, inúmeras vezes, desestimular ou inibir leigos, leigas e até mesmo religiosos e religiosas, a orar com maior frequência, mais eficácia e maior entusiasmo.

Sempre que possível, procuramos embasar nossas reflexões em citações pertinentes da Palavra de Deus e, outras vezes, partimos de trechos específicos do texto bíblico para orientar as nossas preces, as nossas propostas e as nossas sugestões para uma boa e frutuosa oração.

Lembrando os exemplos dos santos e santas que, por meio de sua fé, tornaram-se pessoas de oração frequente e grandes intercessores na Igreja, buscamos ilustrar os caminhos para uma boa oração. Assim, outras experiências semelhantes podem surgir, mostrando-nos como deve se comportar o Corpo Místico de Cristo, que, a exemplo do corpo humano, depende da interação de muitos órgãos para um perfeito e salutar funcionamento. Clero e leigos trabalhando juntos, em perfeita sintonia e harmonia, formam, sem dúvida, o Reino de Deus já nesta vida, preâmbulo da inimaginável vida eterna que nos aguarda no céu, pois, como nos diz São Paulo: "Coisas que os olhos não viram, nem os ouvidos ouviram, nem o coração humano imaginou (Is 64,4), tais são os bens que Deus tem preparado para aqueles que o amam" (1Cor 2,9).

Orar, amigos e amigas, é uma das maiores provas de amor que nós: clero, religiosos, religiosas, leigos e leigas, podemos dar a Deus, pois Ele nos ama indistinta e infinitamente! Por isso, oremos, sempre e em todas as circunstâncias!

REFERÊNCIAS BIBLIOGRÁFICAS DO TEXTO DO PAPA FRANCISCO

[109] *Graus de perfeição*, 2: *Opere* (Roma [4]1979), 1079.

[110] Idem, *Conselhos para alcançar a perfeição*, 9: *Opere* (Roma [4]1979), 1078.

[111] *Vida autógrafa de Santa Teresa*, 8, 5: *Opere* (Roma 1981), 95.

[112] São João Paulo II, Carta ap. *Orientale lumen* (2 de maio de 1995), 16: *AAS*87 (1995), 762.

[113] Francisco, *Discurso no V Congresso Nacional da Igreja Italiana* (Florença, 10 de novembro de 2015): *AAS*107 (2015), 1284.

[114] Cf. São Bernardo, *Sermão sobre o Cântico dos Cânticos,* 61, 3-5: *PL* 183, 1071-1073.

[115] *Relatos de um Peregrino Russo* (Milão [3]1979), 41; 129.

[116] Cf. *Exercícios Espirituais*, 230-237.

[117] *Carta a Henry de Castries* (14 de agosto de 1901).

[118] V Conferência Geral do Episcopado Latino-Americano e do Caribe, *Documento de Aparecida* (29 de junho de 2007), 259.

[119] Conferência dos Bispos Católicos da Índia, *Declaração final da XXI Assembleia plenária* (18 de fevereiro de 2009), 3.2.